马克思诞辰200周年纪念文库
The 200th Anniversary Books for Karl Marx

马克思生态休闲思想研究

石 磊 | 著

图书在版编目（CIP）数据

马克思生态休闲思想研究 / 石磊著.
—北京：中央编译出版社，2019.1
ISBN 978-7-5117-3645-1

Ⅰ. ①马…
Ⅱ. ①石…
Ⅲ. ①马克思主义—生态学—研究
Ⅳ. ① A811.693

中国版本图书馆 CIP 数据核字（2018）第 284921 号

马克思生态休闲思想研究

出 版 人：葛海彦
责任编辑：谭　伟
责任印制：刘　慧
出版发行：中央编译出版社
地　　址：北京西城区车公庄大街乙 5 号鸿儒大厦 B 座（100044）
电　　话：(010) 52612345（总编室）　　(010) 52612349（编辑室）
　　　　　(010) 52612316（发行部）　　(010) 52612346（馆配部）
传　　真：(010) 66515838
经　　销：全国新华书店
印　　刷：三河市华东印刷有限公司
开　　本：710 毫米 ×1000 毫米　1/16
字　　数：184 千字
印　　张：13
版　　次：2019 年 1 月第 1 版
印　　次：2019 年 1 月第 1 次印刷
定　　价：68.00 元

网　　址：www.cctphome.com　　　邮　　箱：cctp@cctphome.com
新浪微博：@中央编译出版社　　　　微　　信：中央编译出版社（ID: cctphome）
淘宝店铺：中央编译出版社直销店（http://shop108367160.taobao.com）(010) 55626985

本社常年法律顾问：北京市吴栾赵阎律师事务所律师　　闫军　　梁勤
凡有印装质量问题，本社负责调换，电话：(010) 55626985

序

党的十九大报告多次谈到"永远把人民对美好生活的向往作为奋斗目标",并指出:"中国特色社会主义道路是实现社会主义现代化、创造人民美好生活的必由之路。"这就明确昭示,中国共产党人高举中国特色社会主义伟大旗帜,以永不懈怠的精神状态和一往无前的奋斗姿态,披荆斩棘,砥砺奋进,带领人民攻坚克难,勇往直前,都是为了实现人民对美好生活的向往。休闲让生活更美好,生活因休闲更幸福。通过休闲的落地,达到构建幸福生活的目的。休闲对提高人的生活质量、生命质量和人的全面发展都有不可替代的重要作用。生态休闲作为当代休闲发展的一种新样态,以其绿色、自主、健康的特征吸引着民众,生态休闲方式正悄悄成为民众内心的向往与追求。

休闲是人存在和发展的重要领域,生产力的快速发展使人类闲暇时间日益增多,休闲空间日益拓展。马克思作为现代休闲研究的早期开拓者,其休闲思想蕴含丰富的生态内涵,他所倡导的休闲理念为我国休闲发展提供了重要的理论支持与实践指导,也为深化马克思思想研究提供了新的视角。

马克思在其著作中,并没有直接使用过"休闲"字样,更没有明确提出过"生态休闲"概念,但休闲生存状态作为人类生存的基本状态之一,是构成马克思思想体系内在逻辑基底不可或缺的一部分。马克思在"批判旧世界"和"发现新世界"的理论建构中隐喻了休闲问题。时间、活动、状态是解读马克思休闲思想的三个常见维度,但通过对马克思休闲思想进一步的耕读发现,马克思休闲思想含有丰富而深刻的生态意蕴,生态是指认和解读马克思休闲思想的另一重要维度。

劳动与休闲的关系犹如一枚硬币的两面，虽有不同但又密不可分。劳动作为马克思所开创的历史唯物主义研究路径的出发点，是我们考察马克思休闲思想所无法回避的问题。而异化劳动理论是我们探究马克思生态休闲思想的重要切入点。在资本独占统治的资本主义生产条件下，异化的劳动实践对自然环境的破坏以及对人的生活方式的左右，必然催生休闲的异化，异化休闲则使生态问题进一步加剧。马克思在对异化劳动进行批判过程中隐喻的休闲问题体现了一种生态逻辑。

马克思生态休闲思想具有丰富的生态内涵，该著作从多方面对其进行指认和解读。其一，人与自然的关系是指认与解读马克思生态休闲思想的生态之源。马克思在论述人与自然关系过程中涉及的休闲问题含有丰富的生态意蕴，这也成为我们从生态维度解读马克思休闲思想的直观依据；其二，自由时间的积极利用是马克思生态休闲思想的重要内涵。马克思生态休闲思想所表达的休闲内涵体现出一种积极的价值观，即休闲活动不是对自由时间的简单占有，而是对自由时间的一种积极运用，马克思语义下的生态休闲是一种更高层次的休闲；其三，人的自由全面发展是马克思生态休闲思想的价值旨归。马克思生态休闲思想所传达的积极正向价值正是指向人的自由全面发展这一终极价值，而是否有利于促进人的发展也是判断休闲活动生态与否的重要标准。此外，生态休闲作为休闲样态的一种，它的实现也必然是基于一定的时间条件和物质基础。无产阶级休闲权益的保障是马克思生态休闲思想实现的前提条件，社会生产力的发展为马克思生态休闲思想的实现奠定了坚实基础。

马克思生态休闲思想研究的目的不仅在于理论的探讨，更重要的在于对现实的观照。党的十八届五中全会提出的五大发展理念体现了深刻的改革发展价值，对于当前我国休闲发展具有重要的指向意义。马克思生态休闲思想在价值指向上与五大发展理念具有高度的契合性，是新时期促进我国休闲发展的重要思想资源。正是基于这样的关联，该著作立足于五大发展理念，以马克思生态休闲思想为理论指导，探讨了如何创新发展休闲文化，协调完善生态休闲教育，积极倡导绿色生活，开放带动休闲经济，共享实现生态休闲权益这样五个在当今中国休闲实践领域具有现实意义的问题。

生态休闲问题的研究会涉及哲学、政治、经济、社会、文化、历史等多领域、多学科，是一个系统工程，因此要突破单一思维框架，多角度、多层面、系统地进行研究。而且由于马克思、恩格斯著作中休闲话语的缺失，因此需要用症候阅读法分层次地解读出其隐喻的含义，挖掘深藏于马克思思想体系中的生态休闲主张。这些都增加了该项研究的难度。但是我很高兴的是石磊在该书的写作过程中突破了这样一些难题，他从生态的维度，并借助于"生态休闲"这一术语，对马克思休闲思想中蕴含的生态内涵进行系统的梳理、概括和阐释。在这一点上也体现了该著作的独特之处。

该书立足于马克思的文本著作，从当代中国社会休闲实践的实际出发，深入探究马克思休闲思想的生态内涵，把马克思理论中活的、有价值的东西挖掘出来，较好地体现了理论价值和实践价值的统一。在理论上，有助于在新时期深化对马克思思想体系的认识，对于开展马克思主义理论体系创新工程的研究，具有一定启发意义，也是对中国马克思主义经典著作研究学术成果宝库的丰富；在实践上，以马克思生态休闲思想的价值目标为精神指南，有助于更好顺应时代休闲化的趋势，克服我国目前现实休闲实践中存在的问题。同时，对休闲生态本质的追问也有助于提高个人对人生意义和价值的深入认识，从而指导个人的生活实践，自觉地去追求一种富有意义和创造性的休闲生活。

当然，作为一名青年学者的探索性著作，本书难免也存在一些疏漏或偏颇，本书集中精力剖析马克思生态思想的内在逻辑，做了充分翔实的论证，但对于该问题还存在着继续深入研究的空间。比如，从理论的角度对马克思理论中的生态休闲思想进行社会历史观的考察；从实践的角度，立足中国国情，探索马克思生态休闲思想的当代实践方略。但是，瑕不掩瑜，我相信他会以此著作的出版为新起点，在研究中取得更多新的成绩，在学术的道路上走得更好更远。

郭彩琴

2018 年夏于苏州大学

目录

第一章 导论 ... 1
一、问题缘起和研究意义 ... 1
(一)问题缘起 ... 1
(二)研究意义 ... 4
二、国内外研究综述 ... 6
(一)国外马克思休闲思想研究综述 ... 7
(二)国内马克思休闲思想研究综述 ... 12
(三)国内外研究成果的基本特征 ... 18
三、研究的思路和研究方法 ... 21
(一)研究思路 ... 21
(二)研究方法 ... 22
四、主要创新点和不足之处 ... 24
(一)主要创新点 ... 24
(二)本书的不足之处 ... 25

第二章　马克思生态休闲思想研究的概念界定与范式探析 …… 27
一、现代休闲含义考察 …… 27
（一）休闲的含义 …… 28
（二）休闲定义的基本维度 …… 30
（三）休闲定义的生态维度 …… 33
二、生态休闲与马克思休闲思想的生态维度 …… 34
（一）生态休闲的内涵 …… 34
（二）马克思休闲思想的生态维度 …… 40
三、马克思休闲思想研究的生态范式转向 …… 42
（一）马克思休闲思想研究生态范式转向之依据 …… 43
（二）马克思休闲思想研究生态范式转向之意义 …… 47
（三）马克思休闲思想研究生态范式转向之理路 …… 52

第三章　马克思休闲思想中的生态逻辑 …… 56
一、异化劳动与生态问题揭批 …… 57
（一）异化劳动引发的社会生态问题 …… 58
（二）异化劳动引发的自然生态危机 …… 65
二、异化休闲是异化劳动的直接后果 …… 72
（一）劳动产品与工人的异化使工人没有休闲的物质基础 …… 72
（二）劳动与工人的异化使工人没有休闲的时间条件 …… 75
（三）人与其类本质的异化使工人失去作为类的休闲存在状态 …… 80
（四）人与人的异化使工人的休闲与资本家的休闲相对立 …… 84
三、异化休闲与生态问题的加剧 …… 87
（一）异化休闲对工人精神生态的破坏 …… 88
（二）异化休闲所引发的社会生态问题 …… 91
（三）异化休闲与自然生态问题的加剧 …… 95

第四章 马克思生态休闲思想的指认与解读 …… 99

一、马克思生态休闲思想的主要内容 …… 99

(一)人与自然的关系是马克思生态休闲思想论证的重要领域 …… 100

(二)自由时间的积极利用是马克思生态休闲思想的内涵体现 …… 106

(三)人的自由全面发展是马克思生态休闲思想追求的价值旨归 …… 110

二、马克思生态休闲思想的实现条件 …… 116

(一)无产阶级休闲权益的保障是马克思生态休闲思想实现的前提条件 …… 116

(二)社会生产力的发展为马克思生态休闲思想的实现奠定了物质和时间基础 …… 123

第五章 马克思生态休闲思想的当代价值 …… 128

一、创新发展理念下我国生态休闲文化发展之探索 …… 129

(一)休闲文化之当代批判 …… 130

(二)生态休闲文化的内涵及特点 …… 133

(三)当代中国生态休闲文化建设的社会基础与制度支撑 …… 135

二、协调发展理念下生态休闲教育之讨论 …… 139

(一)休闲教育与生态休闲教育 …… 140

(二)生态休闲教育实施的意义 …… 143

(三)生态休闲教育实施与协调发展的路径 …… 145

三、绿色发展理念下生态休闲与绿色生活之审思 …… 149

(一)休闲是现代生活方式研究的核心内容 …… 149

(二)现代异化休闲生活引发的自然生态问题 …… 152

(三)绿色生活方式呼唤生态休闲 …… 154

四、开放发展理念下休闲经济生态化发展之考察 …… 157

(一)改革开放助推我国休闲经济快速发展 ………………… 158
　　(二)休闲经济发展中的生态责任 ………………………… 160
　　(三)坚持休闲经济发展开放性与生态性的统一 …………… 162
　五、共享发展理念下生态休闲权益之思考 ………………… 164
　　(一)小康社会生态休闲权益共享的基本内涵 ……………… 165
　　(二)生态休闲权益实现面临的现实困境 …………………… 168
　　(三)生态休闲权益共享的实现 ……………………………… 171

结　语 …………………………………………………………… 174

主要参考文献 ………………………………………………… 177

后　记 …………………………………………………………… 191

第一章 导 论

马克思休闲思想是马克思人类解放理论的有机组成部分,马克思休闲思想蕴含丰富的生态内涵。本书立足于思想政治教育学科发展前沿,从生态学角度指认和解读马克思休闲思想的内涵,从生态治理维度来揭示马克思休闲思想的精髓,为繁荣马克思主义,推进思想政治教育理论发展提供新的视角。

一、问题缘起和研究意义

党的十八届五中全会围绕全面建成小康社会的总体布局,提出创新、协调、绿色、开放、共享的五大发展理念,党的十九大将其定位为新时代坚持和发展中国特色社会主义的基本方略之一。五大发展理念是新时代的新思想,是引领我国发展的思想灵魂。休闲作为全面建设小康社会不容忽视的重要领域,其发展也离不开五大发展理念的引领。马克思生态休闲思想在价值指向上与五大发展理念具有高度的契合性,是新时期促进我国休闲发展的重要思想资源。

(一) 问题缘起

随着中国社会经济的迅猛发展,社会生产力的大幅提高,以及五天工作制的实行,"春节""十一""五一""除夕""清明""中秋""端午"众多法定假期的实施,人们拥有更多闲暇时间,"休闲"已成为人们生活实践中的重要内容，我们正在步入"普遍有闲"①的社会。当"普遍有闲"成为当前时代的重要特征的时候，休闲不再是少数人或特权阶层独享的专利，人们在日常生活中享有更多的闲暇时间，而日益增多的闲暇时间也正在改变甚至颠覆了人们以往的生活方式。

面对日益增多的闲暇时间，我国休闲学奠基人于光远先生曾说："闲暇时间多了，我们干什么？这是时代的大课题。当年马克思、恩格斯就指出社会发展、社会享用和社会活动的全面性都取决于时间的节省。"②的确，面对闲暇时间增多给社会生活带来的巨大变化以及由此产生的一系列问题从小处说关系着个体的幸福，从大处说则会影响社会的稳定、文化的发展。因此，休闲是当前我们必须认真审思的时代问题，同时也是思想政治教育工作者在做人的思想工作时不容忽视的现实问题。

那么，关于休闲我们当前要关注哪些问题呢？面对"普遍有闲"社会的到来，我们可能会不由感叹，能够生活在一个生产力高度发达，物质资料富足，让每个人都拥有更多自由时间的这样一个时代是多么的幸福，但在感叹之余，也有人发出一些抱怨，提出一些质疑：为什么一方面我们拥有了更好的生活条件、更多的可供自由支配的时间，反倒感觉生活的越发忙碌与无序，反而似乎越发没有时间去休闲？一些看似精彩且颇为流行的休闲活动，为什么在参与之后获得的是身体上更加疲劳与精神上的愈加空虚？是什么让我们拥有闲暇却无暇休闲？是什么让我们参与休闲却无休无闲？问题产生的原因固然有很多，但

---

① 中国休闲研究的奠基者于光远先生，早在 2002 年就以战略家的眼光发表题为"论普遍有闲的社会"的论文，2005 年出版专著《论普遍有闲的社会》，论述了休闲与社会进步的关系。英国学者罗伯茨（Roberts，1999）指出，休闲是居民生活水平和经济发达程度的标志。根据国际经验，一个国家或地区人均 GDP 达到 3000~5000 美元发展阶段后，就将步入所谓休闲时代（楼嘉军，2013）。2013 年 2 月 18 日，国务院办公厅正式面向社会发布《国民旅游休闲纲要（2013—2020）》，开启中国休闲发展新阶段。2016 年 11 月 28 日，国务院办公厅印发《关于进一步扩大旅游文化体育健康养老教育培训等领域消费的意见》，要着力推进涵盖旅游、文化、体育、健康、养老五个领域的幸福产业服务消费提质扩容，以五大幸福产业为代表的中国休闲产业站到国家战略高度（2016—2017 中国休闲发展报告，2017），以上论据说明中国正在步入"普遍有闲"的社会。

② 冯长根编：《中国休闲研究学术报告 2012》，旅游教育出版社 2013 年版，序，第 11 页。

一个重要的原因是，公众对休闲内涵的片面理解、对休闲价值认识的严重滞后、对闲暇时间的不合理分配与利用，以及消费经济的染指与冲击、舆论媒体对休闲的片面狭隘地诠释，导致了国民在闲暇时间的利用及休闲方式的选择上仍处于一个低端化，甚至"三俗"化的状态。与此同时，国民对休闲的重视也快速拉动了休闲产业的发展，但对休闲的不正确认识直接影响到对休闲产业科学合理的规划与指导，导致休闲产业盲目扩张与无序发展，休闲资源的过度开发利用就是其直接带来的消极后果，而资源的过度开发利用首当其冲危害的就是自然生态系统，不合理的休闲也成为破坏人与自然关系的帮凶。综上，正是休闲在认识与实践环节出现的问题，致使其偏离自己的生态本质，呈现出鲜明的异化特征。而树立环保、健康、文明的生态休闲价值观，积极践行生态休闲是解决上述问题的不二选择。

休闲的健康发展离不开休闲文化建设。休闲本身就是文化的重要组成部分，马克思主义是中国特色社会主义文化建设的指导思想，因此，加强我国休闲文化建设自然也离不开马克思主义的指导。马克思作为现代最有影响力的思想家之一，在哲学、政治经济学、科学社会主义等众多领域所做出的贡献尽为人知，但他在休闲领域所做出的贡献却没有得到足够重视。严格来说，马克思一生并没有直接自觉地研究过休闲问题，在其文本著作中我们并没有直接看到过"休闲"字样[①]，但这并不等于说马克思没有关注休闲问题，恰恰相反，在马克思的著作中有大量关于"自由时间"与"人的自由全面发展"的论述，而"时间""自由""发展"等要素都是休闲研究的主要范畴。可以说，在马克思的理论成果中隐喻着丰富的休闲思想，从其思想体系的内在逻辑结构的分析中我们也可以看到，休闲从始至终都是一个与人的全面发展和社会进步密不可分的逻辑基

---

① 马惠娣、陆彦明在发表于《自然辩证法研究》2002 年第 1 期的《马克思休闲思想初探》一文认为，马克思著作英文版中，休闲一词为 Free - Time，中国译著通常翻译为"自由时间"，经该文作者考证，尽管在概念外延方面略有不同，西方休闲学研究者通常将 Free - Time 等同于"休闲"（Leisure）。这一观点也得到了国内众多学者的认同。

点。马克思的休闲思想无论是在"批判旧世界"对工人休闲权利获得的关注,还是在"发现新世界"过程中对人的自由全面发展的展望,都是建立在物质与精神、身体与心灵、人与自然和谐共生共处的基础上的,其思想的逻辑框架折射出的是人自身的、人与社会的、人与自然的各个子系统间的良好互动,这种子系统间的良好互动则共同构成了一个大的生态循环有机体,而人的自由全面发展也正是在这样的有机生态循环中才有可能实现。马克思作为现代休闲研究的早期开拓者和创始人,其休闲思想处处体现出"生态"意蕴,这也是马克思休闲思想的重要特征之一,而当前我国休闲实践中存在的异化现象也正是在某些环节违背了其自身发展的生态规律所造成的。正是在此意义上,本书提出了"马克思生态休闲思想研究"问题,尝试对马克思休闲思想中所含有的生态意蕴进行深入的探索和研究。

此外,对马克思生态休闲思想进行研究也是时代发展的需求。当前我国已经进入全面建成小康社会的攻坚阶段,加快生态文明建设是建设小康社会的必然要求。充分享有休闲生活是小康社会的题中应有之义,而生态休闲是在生态文明建设背景下休闲应有的存在样态。马克思生态休闲思想将为我国生态休闲实践提供重要的理论支持和方向引导,具有重要的研究价值。

(二) 研究意义

承上所述,深入探讨和挖掘马克思休闲思想的生态意蕴,无论是在理论上还是现实实践过程中都具有极其重要的价值。

其一,深入挖掘和梳理马克思的文本著作,有助于在新时期深化对马克思思想体系的认识。作为马克思主义的创始人,马克思理论历来是众多学者关注和研究的对象。正如恩格斯所指出的,马克思理论的最大贡献是对人类的发展规律和现代资本主义生产方式和它所产生的资产阶级社会的特殊的运动规律的发现。与这两大发现直接相关的"劳动""剩余劳动时间""必要劳动时间"等概念都得到了充分的关注,而隐藏于马克思两大发现逻辑体系内,未被直接点明的"休闲"概念却没有得到足够的关注。"休闲"概念较少进入研究者的视域的一个主要原因是,马克思的著作中并没有直接出现过"休闲"的概念,而只是在相近意义上使用过"自由时间""闲暇"等概念。近年来,随着休闲学在中国的发展,以及人们对休闲的关注,一些学者对马克思休闲思想尝试进行探索,取得了一些成果,但这种研究还仅仅处在起步阶段,因此从多角度对马克思休闲思想进行深入的挖掘和解读,全面考察马克思生态休闲思想,有助于在新时期进一步深化对马克思思想体系的认识,有助于在理论上驳斥西方学者攻击马克思崇拜物质生产,忽视生态问题和人类享受的谬论。同时对于开展马克思主义理论体系创新工程的研究具有一定的启发意义,是对中国马克思主义经典著作研究学术宝库的丰富。

其二,对马克思生态休闲思想的研究,有助于拓展和充实思想政治教育的空间。休闲研究与思想政治教育研究也密切相关,马克思休闲思想与思想政治教育的价值指向是相契合的。依据马克思休闲思想的观点,生态休闲是人的自由全面发展的重要实践形式,而实现人的自由全面发展则是我国思想政治教育的目标定位。从思想政治教育学的视角对马克思生态休闲思想进行研究,不但有利于拓展休闲研究的视域,而且更有助于充实思想政治教育的空间。实践性是思想政治教育的本质属性,思想政治教育要触动人的灵魂,发挥其实效,就要从现实人、具体人的实际开展教育。随着我国社会的快速发展,人民群众的闲暇时间日益增多,自由发展空间日益增大,主体意识日益凸显,个人的价值观念、人与社会的关系、人与自然的关系也随之发生新的变化。这种价值观的变化总体来说是利于人的自由发展的,是可喜的,但也伴随夹杂着一部分负面消极的成分,因此思想政治教育研究与思想政治教育工作的开展必须关注这种在人们日常生活中发生的新变化,积极运用思想政治教育的思想和理论有针对性地开展研究、寻找对策,并有计划地通过思想政治教育对人们开展休闲教育,提高人们对人生意义和价值的深入认识,引导人们合理安排闲暇时间,摈弃休闲中的消极成分,合理处置休闲过程中人与社会、人与自然之间的关系,自觉地去追求一种富有意义和创造性的休闲生活。

其三，对马克思生态休闲思想的研究是现代休闲研究的一项基础性工程，具有较高的学术价值。西方休闲思想的学术渊源可以追溯到古希腊。古希腊著名哲学家亚里士多德（Aristotle）给予休闲高度的赞美，认为"休闲才是一切事物环绕的中心"，是哲学、艺术和科学诞生的基本条件之一，但古希腊的休闲思想受到时代与阶级的限制，具有很大的局限性。而严格来说，现代意义上的休闲研究是伴随着近代机器大工业的发生和发展而凸显雏形的。马克思作为伟大的思想家，在其著作中虽然没有直接研究过休闲问题，但是在其思想体系的内在逻辑结构中，隐喻着内涵丰富的休闲思想。马克思的休闲思想虽然不可避免地也继承了亚里士多德的一些休闲思想，但是与古希腊的休闲思想却有着本质的不同。"马克思是人类思想史上第一个从人类生存状态和生活方式角度，对大众生活时间的社会分配状况进行定量研究的思想家。"① 马克思通过对当时工人阶级的生活工作现状的考察以及对未来人类社会发展的预见，让休闲理想从少数人拥有的特权走向广大人民群众普遍享有的权利。正是在这个意义上，马克思成为现代休闲研究的早期开拓者和创始人，他的许多思想成为现代休闲思想的起点和源头。深入研究马克思的休闲思想，并进一步挖掘其休闲思想中的生态意蕴，不仅是对马克思思想体系的丰富，更是对现代休闲研究的充实。而对马克思休闲思想生态内涵的考察也是应和了时代发展的要求，生态休闲是生态文明时代休闲实践的具体样态。

二、国内外研究综述

马克思生态休闲思想研究是对马克思休闲思想研究的深化和拓展，两者具有直接的相关性。目前国内外学术界对马克思休闲思想的研究虽然还不够广泛，但已经形成一定的研究成果。

---

① 刘晨晔：《休闲：解读马克思思想的一种尝试》，中国社会科学出版社2006年版，第19页。

(一) 国外马克思休闲思想研究综述

国外的休闲研究开始较早，一般认为，把休闲放在学术层面进行系统的理论研究发端于 1899 年凡勃伦（Veblen）的《有闲阶级论》（*The Theory of the Leisure Class*）一书。相对于国内，国外的休闲研究较为成熟，对马克思的休闲思想也有所关注。1991 年出版发行的美国学者格能·恩科（Glen Eker）的《马克思选集中的休闲与生活方式：一部社会理论史》一书，分别对马克思、恩格斯原著《论犹太人问题》《1844 年经济学哲学手稿》《德意志意识形态》《共产党宣言》《雇佣劳动与资本》《〈政治经济学批判〉导言》《资本论》第一卷、第三卷、《哥达纲领批判》中蕴含的马克思休闲思想进行指认。根据笔者所掌握的资料，这本书是西方第一部通过对马克思原著文本的大量分析来指证马克思休闲思想的学术著作，也是迄今为止西方唯一的一部专门研究马克思休闲思想的理论著作。这本书通过分析和讨论从马克思著作中大量收集来的关于自由时间和闲暇生活的论述，来表明马克思对于休闲理论有明确的阐释，并探究了其理论框架。因此，该书对于马克思休闲思想的研究具有开创性的价值。但是，该书在研究的深度和广度上还有局限，仅仅通过大量的文本分析对马克思的休闲思想进行指认，并未对休闲思想的具体内容做进一步的深入解析。

在我国翻译出版的西方休闲研究专著中，托马斯·古德尔（Thomas L. Goodle）和杰弗瑞·戈比（Geoffrey Godbey）在《人类思想史中的休闲》（*The Evolution of Leisure: Historical and Philosophical Perspectives*）一书中，用简短的篇幅对马克思的休闲观作了介绍："马克思和恩格斯认为，包括由劳苦大众供养少数有闲阶级的资本主义所有制在内的各种早期所有制都是必然的，也就是说，为了促进经济、政治、社会的文明发展，必须有少数人能超出直接的物质需要而以更远的眼光去从经济、政治和社会等方面对整个社会做出贡献。工业资本主义的生产力为我们提供了结束不公正和剥削的手段，为民众提供了有助于他们全面发展的休闲机会。休闲曾是自由的王国，而他们在有意义的劳动中却很少看出什么前景。随着私有财产的废除，人们不再是物的奴隶，他们将会自由地形成自己的个性并决定自己的命运。……马克思、恩格斯还是贫民的支持者,他们用最激烈的言辞攻击资本主义的奢靡……工人对其劳动及产品的异化也进一步加重了人的异化。真正的人类劳动是对一个人自身及其社会关系的肯定。而在过去,劳动却是由外界的专断力量所强加于人的痛苦折磨。"① 作者通过对马克思理论中关于劳动、自由的简短评述,明确表达了作者的观点,即在马克思的理论中涉及了休闲问题。书中有限的篇幅虽然没有对马克思的休闲思想做具体的阐述,但是通过作者精简的概括,表达了马克思休闲思想的一些基本观点,即资本主义生产力在促进休闲普及化的过程中发挥了重要的推动作用,但是资本主义的弊端也导致了休闲的异化,而扬弃休闲异化的途径就是消灭私有制。

法国学者罗歇·苏(Roger Sue)在《休闲》一书阐述休闲源起问题时提及马克思的休闲思想,作者认为:"在马克思的著作中,对休闲从未以其本来面目来分析,而是从劳动这个中心概念出发来分析的。"② 这也说明了,在马克思文本著作中,休闲是处于"隐喻"状态的。

2005年翻译出版的《休闲理论原理与实践》(*Leisure Theory Principles and Practice*)一书,其作者罗杰克(Chris Rojek)是英国布鲁内尔大学社会科学学院系主任,社会文化学教授,他从社会学视角对休闲进行了较为系统的评述。书中第二章专门有一节介绍了马克思主义的休闲思想。其中在分析资本主义统治下替代性休闲形式和活动时,引用了马克思的观点:"马克思(1877)将资本主义下的必要性与自由区别开来。必要性包括很多义务和责任,要求个人重新塑造他们自己和他们的眷属。所有已知的生产和消费体系都需要必要性,因为劳动力和消费生产成果是经济和社会发展的基础。马克思认为,在资本主义下,必要性取决于统治阶级的利益,因为这个阶级的财富取决于剥削从属阶级,榨取其剩余价值。但是资本主义也允许工人有休息时间,以此积聚身体的能量,

---

① [美]托马斯·古德尔、杰弗瑞·戈比:《人类思想史中的休闲》,成素梅等译,云南人民出版社2000年版,第93—94页。
② [法]罗歇·苏:《休闲》,姜依群译,商务印书馆1996年版,第13页。

促进个人提升。这是休闲关系的外围。马克思认为在资本主义下，工人阶级休闲形式和内容是用来补充工人工作中所消耗的能量的，没有超出'动物'的水平。马克思强调资本主义下的快乐主义仅仅满足了个人的想象力，传达了短暂的满足感。相反，由于其与我们现在所称的关心自己和他人的道德准则不符，因此这仅仅是一种机械的愉悦。"① 作者在肯定马克思关于休闲的"动物"特征的批判的同时，也指出了并不赞同在当前资本主义社会仍然用"动物"特征来指认工人阶级的休闲。当然这也只是作者的个人观点，从马克思主义者的观点来看，用马克思阶级方法来分析当前资本主义社会的休闲问题，可以进一步揭露信息化背景下资本家对工人自由时间占用剥削的新形态，在当今仍具有重要的现实意义。

在《走向自由——休闲社会学新论》一书中，作者约翰·凯利（John. R. Kelly）运用多种理论模式对休闲进行了分析，这其中包括存在理论、发展理论、社会鉴别理论、相互作用理论、政治理论、人文理论等。在阐述政治理论的章节中，作者探讨了以马克思和马克思主义者的社会分析为基础的冲突理论，其中重点探析了马克思关于休闲异化的观点。作者指出："马克思在《资本论》（Capital, 1967：71—83）中提出这种'崇拜教'或对物的那种不可遏制的占有欲望，指出：它是工人异化的主要因素。人类被他们自己的产品奴役了，即使休闲的开放和亲密关系的共享也被物化为一种占有与消费的精神状态。享乐用花费来定义，因此极至的休闲活动就成了购物，衡量关系的标准是支配与控制，而非交流与关爱。"② 当论及在一个严整统一的社会系统中，什么是自由的时候，作者概述了马克思从自我实现的角度对休闲异化的批判："马克思认为，不能积极生活而只能被动生存的人是没有生命的（Fromm, 1961：

---

① ［英］罗杰克：《休闲理论原理与实践》，张凌云译，中国旅游出版社2010年版，第57—58页。
② ［美］约翰·凯利：《走向自由——休闲社会学新论》，赵冉译，云南人民出版社2000年版，第218—219页。

30），人的激情是完成一个目标的根本动力。当付出的努力不能产生有效的结果时，人的'成为'就被剥夺了。……人与世界的积极关系（即马克思所指的'生产性生活'）是人性的根本所在，个人将这种创造性生活'当作一种必要、一种需求，没有它就不能实现、满足以及完成我的本质'（Marx，1932：184）。马克思认为，在任何社会中，如果人们是以所有物而不是以显示生命价值的行为来定义生活的话，这就是彻底的异化社会——无论在工作中，还是在休闲领域。"① 在作者看来，依据马克思的休闲思想，休闲是实现自我的根本条件，要取得休闲的根本自由就必须对社会条件进行变革。

2011年翻译出版的《马克思为什么是对的》（Why Marx Was Right）一书，其作者特里·伊格尔顿（Terry Eagleton）是当代英国最具代表性的新马克思主义研究理论家和文化学者，也是当代最具国际声誉的马克思主义研究学者。在这本书中，作者运用"申辩"式的写作手法，以科学、辩证的方法对西方社会十个典型的否定马克思主义的观点逐一进行了反驳。面对有人提出的指责："马克思主义不过是其政治对手的镜像。……资本主义将物质生产奉若神明，马克思主义也照葫芦画瓢。"② 作者通过对《1844年经济学哲学手稿》《政治经济学批判大纲》《资本论》中的话语的进行细致的分析指出，马克思并非痴迷于经济问题而将生产奉若神明，"在马克思的心目中，生产意味着通过改变现实而实践人的基本权利。"③ 作者认为，在资本主义社会之前，社会经济剩余很少的情况下，人们为了生计而忍受无休止的劳动是情有可原的，但是在资本主义社会，虽然资本主义所创造的剩余价值已经足以大大延长人类的闲暇时间，但是资本主义要求不停积累和扩张的财富积累方式却制约着人们依然要无休止地劳动就

---

① ［美］约翰·凯利：《走向自由——休闲社会学新论》，赵冉译，云南人民出版社2000年版，第229页。
② ［英］特里·伊格尔顿：《马克思为什么是对的》，李扬等译，新星出版社2011年版，第127页。
③ ［英］特里·伊格尔顿：《马克思为什么是对的》，李扬等译，新星出版社2011年版，第129页。

颇具有讽刺意味了。作者的观点也一针见血地表明,资本主义社会休闲异化的根源就在于资本主义制度。在关于这个问题论述的结论部分,作者明确地表达了这样的观点:"马克思的著作关注人类的享受。在他看来,美好的生活不是工作而是休闲。自由的自我实现当然是一种'生产',但这种生产并非建立在强迫的基础之上。如果人们都能把时间花在处理自己的事情上,休闲也就有了十足的必要。"① 特里·伊格尔顿在该书中虽然没有直接针对马克思的休闲观点进行论证,但是在对资本主义"生产"鞭辟入里的分析中得出这样一个结论:休闲是马克思思想中的重要价值指向。

此外,通过互联网检索到的一些英语论文中,也涉及了马克思的休闲思想。威廉·詹姆斯·布斯(William James Booth)在《时间经济:论马克思政治经济学中的时间理论》一文中指出,自由时间是真正的财富,它为人的发展提供了空间,而且"没有任何一位当代政治哲学家曾如此关注过时间与自由的问题"②。土耳其中东科技大学的硕士论文,《亚里士多德、卡尔·马克思、马尔库塞哲学视域中的劳动、休闲与自由》(Dogan Baris KiLinc,2006)③ 一文,用了大量篇幅对马克思的休闲思想做了指认与分析。作者认为,马克思在其著作中尽管没有正面直接地论述休闲问题,但休闲是马克思主义哲学研究不能忽视,也不可回避的一个问题。休闲与劳动、劳动过程、劳动时间都有着密切的联系。在马克思的自由观中,休闲是处于核心地位的,必要劳动时间的减少和个人发展时间的增加是建立共产主义社会自由王国的基础。

总体而言,国外的休闲研究虽然对马克思的休闲思想有所关注,但依然没有得到应有的重视,关于马克思休闲思想的研究还大多散见于休闲研究的著作或论文中,一些还只限于在论及休闲等相关问题时只言片语地谈及马克思的休

---

① [英]特里·伊格尔顿:《马克思为什么是对的》,李扬等译,新星出版社2011年版,第130—131页。
② William James Booth: Economies of Time: On the Idea of Time in Marx's Political Economy, *Political Theory*, Vol. 19, No. 1 (Feb., 1991), p. 8.
③ http://www.marcuse.org/herbert/booksabout/00s/06Dogan_Baris_Kilinc_Tez.pdf.

闲思想，很少有立足于文本，集中或大篇幅地进行阐述、论证。正如格能·恩科在《马克思选集中的休闲与生活方式：一部社会理论史》一书中所指出的："近半个世纪以来，关于马克思的经济、政治、社会理论的研究成果层出不穷，但有关马克思休闲思想的研究仍然空缺。"① 可以说，格能·恩科等学者的研究填补了西方马克思休闲思想研究的空白，但至今仍然缺少关于马克思休闲思想较系统全面的研究。国外关于马克思休闲思想的研究虽然还不够全面和深刻，但却明确了一点，即在马克思的理论中含有休闲思想。此外，对于国外学者关于马克思休闲思想的研究成果，除了要抱以"他山之石，可以攻玉"的谦和学习态度，还要考虑意识形态的因素，有所鉴别和区分，去其糟粕，取其精华。

（二）国内马克思休闲思想研究综述

我国对于休闲问题的研究发轫于 20 世纪 80 年代，相比西方的休闲研究，我国起步较晚。但随着改革开放的深入和我国经济持续快速的发展，居民生活消费方式发生显著变化，闲暇时间普遍增多，休闲意识明显增强，越来越多的学者开始关注休闲问题的研究。在于光远、马惠娣等一批学者的积极推动下，休闲的跨学科研究得到了长足发展，而马克思的休闲思想也逐渐进入研究者的视线。

由于马克思主义在我国的"显学"地位，国内众多学者从不同维度对马克思的思想做出了各种不同的解读，但正如上文所提到的，我国休闲研究起步较晚，因而马克思休闲思想的研究也一直没有得到足够的重视。

国内马克思休闲思想的研究多散见于一些期刊论文。如陆彦明、马惠娣的《马克思休闲思想初探》，许斗斗的《马克思休闲价值思想探析》，吴育林的《论马克思的自由休闲观》，王学俭的《试论对马克思休闲思想的研究范式》，张莉的《马克思休闲观与人的自由全面发展》，查少刚的《马克思休闲思想的当

---

① Eker, Glen: *Leisure and Lifestyle in Selected Writings of Karl Marx: A Social and Theoretical History*, San Francisco: Mellen Research University Press, 1991, p. 3.

代意境》,刘先春、关海宽的《马克思休闲思想的价值规定和休闲的现实探析》。自 2002 年陆彦明、马惠娣在《自然辩证法研究》发表第一篇关于马克思休闲思想的论文以来,截至 2014 年 12 月,以"马克思"和"休闲"为篇名,在中国学术期刊网(CNKI)进行检索的结果显示,相关已公开发表的学术论文共计 67 篇。从年度发表数量上看,2002—2006 年每年发文量在 2 篇左右,2008—2010 年每年发文量在 6 篇左右,2011—2014 年每年发文量在 10 篇左右,发文数量总体呈上升趋势;从期刊的来源类别上看,其中核心期刊 34 篇,CSSCI 来源期刊 33 篇;从基金资助情况来看,其中 5 篇获得国家级基金资助,4 篇获得省级基金资助。从上面的统计数字可以看出,马克思休闲问题虽然还没有得到广泛关注,但已经有一批学者在持续关注该问题的研究,并发表了一系列层级较高的研究成果,且有部分成果得到了国家级、省级的资金资助。

国内学者在期刊发表的研究成果大体分为以下几个方面:其一,对马克思休闲思想的初步指认。一些学者对马克思休闲思想做了开创式的探索,对马克思的经典文本中关于自由时间、人的全面发展的有关论述、关于异化劳动与雇佣劳动的相关批判等理论成果中隐喻的休闲思想进行了初步指认①。"在马克思看来,休闲是人的生命活动的组成部分,是社会文明的重要标志,是人类全面发展自我的必要条件,是现代人走向自由之境界的'物质'保障,是人类生存状态的追求目标"②。其二,对马克思休闲思想的深入解读。多数学者认为,自由时间理论是指认马克思休闲观的主要依据。有学者对自由时间的内涵和外延做出了阐释,"就外延而言,自由时间并不等同于非劳动时间","从内涵来看,自由时间的实质是休闲时间"③。有学者指出,休闲的发展推动着人的全面发展,

---

① 参见刘晨晔:《解读马克思休闲思想的几个问题》,载《自然辩证法研究》,2003 年第 6 期。
② 陆彦明、马惠娣:《马克思休闲思想初探》,载《自然辩证法研究》,2002 年第 1 期,第 44 页。
③ 张永红、胡若痴:《关于马克思自由时间范畴的再思考》,载《教学与研究》,2011 年第 6 期,第 52—55 页。

马克思的休闲思想中蕴含着深刻的人本内涵①。还有学者对马克思休闲理论的逻辑建构进行了探究②。其三，对马克思休闲思想当代价值的探讨。这部分研究多数将论证重点放在经济价值，以马克思休闲思想作为理论支持探析休闲消费、休闲产业、休闲经济的发展。此外，也有学者对马克思休闲思想的研究范式进行理论探讨③。

上述发表的研究成果对马克思休闲思想的研究做出了有益的探索，很多成果都具有开创性，特别是对马克思经典文本中关于自由时间、人的全面发展的有关论述、关于异化劳动和雇佣劳动的相关批判等理论成果中隐喻的休闲主张进行了初步的指认。同时，这些研究成果也共同表达了这样的一种观点，即在马克思的社会哲学思想中存在休闲的理论维度。这些具有开拓性的研究极大丰富了马克思休闲思想研究的学术成果宝库，为马克思、休闲思想研究的开展奠定了极其良好的基础，在肯定这些已有研究成果的同时也应该指出，马克思休闲思想的研究仍然还处在起步阶段，系统全面的研究还很缺乏，有些既有成果还有待进一步的深化和完善，这也为今后马克思休闲思想的研究留下了较大空间。

随着国内越来越多学者对马克思休闲思想的关注，也陆续有相关专著出版。在 2005 年出版发行的"中国学人休闲研究丛书"中，陈鲁直的《民闲论》从劳和闲的历史发展开始，分章论述了劳与闲的对立、劳动和人的异化、劳动权和懒惰权、人比物更重要、剩余劳动与可以自由支配的时间、信息化与劳闲关系、社会化和集权化、劳动和生活的平衡、闲和人的自由发展等问题。作者以深厚的马克思主义理论素养，通过对著作原文的直接考察，系统整理了马克思关于

---

① 参见刘海春：《论马克思的人本理想与休闲教育目标》，载《自然辩证法研究》，2005 年第 12 期。
② 参见徐艳玲、庞睿：《马克思的休闲理论及其逻辑建构》，载《当代世界与社会主义》，2014 年第 1 期。
③ 参见王学俭、高璐佳：《试论对马克思休闲思想的研究范式》，载《甘肃社会科学》，2010 年第 4 期。

"劳"与"闲"关系的论述,其研究的内容很多具有开创性。正如马惠娣女士在该书序言中评价的,作者考察的马克思关于"闲与人的全面发展"的许多精彩论述在中国还鲜为人知。作者在全书的写作过程中明确表达了这样一种价值指向,即我们的休闲研究要坚持马克思主义的指导。正如作者所说的:"要探讨劳和闲的关系及其在社会发展中的演变和影响,我们必须坚持马克思主义的政治经济学原则,必须坚持马克思主义的劳动价值论,这应该是已经由事实证明了的。这一点道理是西方研究休闲问题的学者们难以吃透的,因为他们大多不愿意接受马克思主义的劳动价值论。"① 此外,作者还特别强调了资本主义制度下"闲"的特殊性,这些观点对于我们从事马克思休闲思想的研究具有重要的参考价值。

国内第一本深入研究马克思休闲思想的专著是刘晨晔博士的《休闲——解读马克思思想的一项尝试》,该书由中国社会科学出版社2006年出版。这本著作通过对马克思阐述的劳动、劳动力、劳动时间、工作日、社会必要劳动时间、必要劳动时间、剩余劳动时间和自由时间之间关系的分析和研究,揭示了剩余劳动时间的双重属性,即工人的剩余价值就是资本家的自由时间。换言之,资本家在占有工人创造的商品的同时,也占有了工人的自由生活时间,剥夺了工人休闲的权利。在此分析的基础上,作者进一步澄明了马克思关于人类解放和人的自由全面发展思想的三个内在逻辑基点,即劳动生活的逻辑、休闲生活的逻辑和生理生活的逻辑。这本著作逻辑线索清晰,分析深入透彻,从马克思著作中挖掘出隐喻的休闲思想,可谓上乘之作。由于是国内研究马克思休闲思想的开创之作,作者将大部分篇幅用于剖析马克思思想的内在逻辑,而对马克思休闲观的深入解读、分析,以及对马克思休闲思想在当今中国现实意义的阐述等方面还有待充实。

此外,还有几本著作,或以马克思休闲思想作为理论基础,或研究的主题

---

① 陈鲁直:《民闲论》,中国经济出版社2005年版,第16页。

与之高度相关。《唯物史观视域中的休闲：享受和发展》（吴文新，2013）一书，从唯物史观的基本立场出发研究当前社会现实的休闲问题，探索确立休闲研究领域的马克思主义学术话语系统，将休闲与马克思主义理论有机融合，是一本具有开拓性的学术著作。《面向生活世界的休闲问题研究》（李云霞，2013）一书，对马克思生活世界视域的休闲思想进行了梳理和研究，作者认为马克思生活世界理论为我们整体、系统地理解马克思的休闲思想提供了一种极为重要的理论工具，该书以新的视角深化了对马克思休闲思想的研究。《马克思自由时间理论》（李金霞，2011）一书虽然不是一本研究马克思休闲思想的专著，但该书的核心内容，即马克思的自由时间理论，是马克思休闲思想的重要组成部分。尽管作者刻意强调马克思自由时间理论与休闲理论的区别，但并不妨碍其对于完善马克思休闲理论的价值发挥。

随着中国社会的发展，民众休闲意识的日益增强，相应休闲问题的不断凸显，围绕马克思休闲思想研究的学位论文数量也不断增多。截至 2014 年 12 月，以"马克思"和"休闲"为题名，在中国学术期刊网（CNKI）进行检索的结果显示，相关已公开发表的学位论文共计 19 篇。其中博士论文 3 篇，硕士论文 16 篇。三篇博士论文分别为：《工业社会休闲异化批判——兼论马克思休闲思想及其当代意义》（谢秀华，2008）；《马克思休闲思想及中国休闲经济发展研究》（王晓杰，2008）；《马克思的休闲观及其当代价值研究》（张永红，2010）。硕士论文中以马克思休闲思想（观）为题名的文章有：《休闲与人的价值实现——对马克思休闲思想的价值哲学思考》（肖向东，2005）；《马克思休闲思想研究》（鲍金，2006）；《马克思休闲思想视角下我国休闲经济建设研究》（梁慧，2010）；《马克思休闲思想的当代价值》（薛曦，2010）；《马克思休闲思想的哲学解读及其当代意义》（张伟，2011）；《马克思休闲思想探析》（吕慧，2012）；《马克思的休闲思想及其现实影响》（戴素平，2012）；《马克思的休闲思想及其当代启示》（宋庆庆，2012）；《马克思的休闲观及其当代价值探析》（李晓峰，2012）；《马克思休闲思想及其对我国休闲文化建设的启示》（陈俊，2013）；

《马克思休闲思想及其当代价值》(刘智慧,2014);《马克思休闲思想及对中国城市休闲文化构建的启示》(喻黎,2014);《马克思休闲思想及其当代意义》(杨智,2014)。

王晓杰博士的《马克思休闲思想及中国休闲经济发展研究》一文,论述了马克思休闲思想的发展历程和主要内容,指出自由时间思想和人的全面自由发展思想是马克思休闲思想的重要组成部分。这篇论文虽然对马克思的休闲思想有所探讨,但从全文的篇幅结构布局来看,论文的重心还在于论述马克思的休闲思想对我国休闲经济的建设与发展的实践指导价值,关于马克思休闲思想的分析更多的是作为对中国休闲经济发展的实践研究所进行的理论铺垫与支撑,因此,这篇博士论文对马克思休闲思想的理论探讨虽有其闪光点,但限于篇幅阐述得还不够全面和深入,但毋庸置疑的是,这篇文章很好地深化了我们对马克思休闲思想对中国休闲经济发展的指导价值的认识。

谢秀华博士的《工业社会休闲异化批判——兼论马克思休闲思想及其当代意义》一文系统地梳理和分析了"休闲异化"的相关理论和现实表现,认为休闲异化是劳动导致的人的全面异化在休闲领域的表现,行文中对马克思的休闲思想也单列一个章节进行了阐述,重点分析了休闲与人的自由全面发展的内在关系。这篇文章虽然也没有对马克思的休闲思想做系统全面的论述,但是从马克思对劳动异化理论引申出休闲异化理论,并在对休闲异化批判的论述中拓展了休闲与人的自由全面发展之间关系的内涵,对于深化理解马克思休闲思想具有很好的借鉴价值。

张永红博士的《马克思的休闲观及其当代价值研究》一文,围绕无产阶级休闲权这一根本性问题,对马克思理论体系中隐喻的休闲观点进行了较为系统的梳理和概括。文章从自由时间理论、劳动休闲观、消费休闲观、人的全面发展理论四个方面对马克思的休闲观进行指认与分析,指出自由时间是马克思休闲观最直接的表述,劳动与消费是马克思休闲观的两个重要论证领域,人的全面发展是马克思休闲观的宗旨归依。在马克思休闲思想当代价值的阐述中,较有新意地以社会主义和谐社会建设为时代背景,从休闲文化和休闲的生态价值的角度论证了马克思休闲观的价值。虽然限于篇幅这部分内容的论述还有局限与不充分的地方,但是为马克思休闲思想的研究启发了新的思路,并对今后马克思休闲思想的进一步研究提供有益的参考。

从几篇硕士论文的研究情况来看,主要涉及两个方面:一方面对马克思休闲思想的自由时间理论、劳动休闲理论、人的自由全面发展理论进行了指认与解读。另一方面,以马克思休闲思想作为理论支撑,重点探讨其在现实休闲领域的指导意义。几篇硕士论文各有自己的长处,其中不乏亮点,但是由于篇幅有限,也存在一些共通的不足。如对于马克思休闲思想的研究和解读较为粗浅,缺乏系统性和全面性;对于马克思休闲思想的当代价值的探讨也较为简单,而且以当代经济价值的探讨居多,过于集中于马克思休闲思想的经济价值的探讨也是对马克思休闲思想的片面剖析。

(三) 国内外研究成果的基本特征

在国内外学者的共同努力下,马克思休闲思想的研究已经取得了较为丰硕的成果,整体来看研究成果呈现以下基本特征,但在肯定成绩的同时也应看到还存在着较大深入研究的空间。

第一,研究内容重马克思休闲观的梳理,轻休闲思想的生态特质分析。无论是国内还是国外,在马克思休闲思想研究过程中,研究重点仍然是聚焦在马克思有无休闲思想,如果有的话包括哪些内容等层面。可以说,关于马克思休闲思想的上述研究极大丰富了马克思主义经典著作研究学术成果的宝库,在许多方面填补了学术研究的空白,但总体而言,对马克思休闲思想的研究仍处于起步阶段,在对马克思休闲思想的深入系统研究方面还留有较大空间,对马克思休闲思想当代价值的探讨也较薄弱,且以当代经济价值的探讨居多,而对马克思休闲思想生态价值的系统研究很少或没有。从本质上说,休闲是具有生态属性的。马克思休闲思想隐含丰富而深刻的生态意蕴:虽然马克思是在劳动中考量了人与自然的关系,但正是过度、不当的劳动消解、破坏着自然资源和生态环境；科学、适度的劳动是人与自然和解的必然要求，而休闲正是适度劳动背后的隐含之意；休闲的存在不仅能缓解疲劳，慰藉心灵，而且承载着修复人与自然关系的责任。从休闲与生态的关系入手，从马克思著作中挖掘出隐喻着的生态休闲思想，并加以系统的整理阐释，有助于丰富马克思休闲思想的内涵，深化对马克思休闲思想的理解。

第二，研究方法重文本研究，轻实践研究。实践性是马克思主义的一个显著特征，马克思主义的强大生命力在于它是一个开放的、实践的理论体系，与时俱进是其重要的理论品质。只有在将马克思主义理论与现实实践相结合才能产生强大的力量，并不断推进马克思主义的创新与发展。由于马克思休闲思想的研究尚处在起步探索阶段，因此学者们的研究更侧重于文本的指认与解读，剖析马克思休闲思想的内在逻辑，而将马克思休闲思想置于现实社会休闲实践的图景中的研究还较为薄弱。我们知道，休闲本身也是一项实践活动，在一些发达国家，休闲研究与休闲教育已相对成熟，休闲理论研究的成果在制定休闲发展规划，指导民众休闲选择方面已经发挥着重要作用。相对于国内，国外的休闲研究虽然更为成熟，但是对于马克思休闲思想的研究却没有得到足够的重视，也多停留在理论探讨层面。在国内，随着"普遍有闲的社会"的来临，人们的闲暇时间在不断增多，休闲的需求日益旺盛，但随之在休闲领域存在的问题也显现出来。一方面，人们拥有了更多可供支配的自由时间，有了可以从事休闲活动的更好的时间基础；但另一方面，面对不断增多的闲暇时间，面对节日假期，许多人发出"越休越忙"的抱怨。固然这里面涉及很多方面的现实原因，但不容忽视的一点是，这也反映出当下人们对闲暇时间的分配与利用存在许多误区，以及我们在休闲指导与教育方面的不足与欠缺。因此，对马克思休闲思想的研究也不能仅仅停留在从理论到理论的范畴演绎，而是要不断从现实关怀的角度入手，既要在理论上探究马克思休闲思想的深刻内涵与本质要义，又要在理论的指导下反思当下我们在休闲实践领域遇到的新问题。特别是在当下我国经济进入新常态的背景下，社会文化生活不断呈现出新变化，相应地反映在休闲活动上也呈现出一些新特点,生发一些新问题。面对这些新特点与新问题,我们应当如何应对?这都需要我们在马克休闲思想的理论指导下,结合当下休闲实践的具体问题进行深入的思考与探索。马克思休闲思想只有在实践的检验中才能真正闪耀出理论智慧的光芒,而理论与实践的有机结合才能真正推进马克思休闲思想研究向纵深发展。

第三,研究学科重哲学、休闲学等单学科性,轻思想政治教育、生态学等跨学科性。马克思休闲思想的研究源于对休闲学的研究。马克思作为"现代休闲研究的早期开拓者和创始人,他的许多思想成为现代休闲思想的起点和源头。因此,对马克思休闲思想的研究是现代休闲研究的一项基础性工程"。[①] 在国外,20世纪90年代就有学者以专著的形式进行过研究,而在一些较为经典休闲学著作中,对马克思的休闲思想也多有提及;在国内,随着近年来休闲研究的兴起,也有越来越多的学者开始关注这一问题,相关的著作、论文不断出现。但是,从国内外已有的研究成果来看,其主要是从哲学、休闲学等单一学科视角进行研究。而相关的研究学者多以哲学、马克思主义理论、休闲学等学科背景居多,虽然也有少部分具有经济学、体育学、旅游学、社会学等学科背景的学者从休闲经济、休闲体育、休闲旅游、休闲社会学等角度探讨马克思休闲思想的实践价值,但总的来说,关于马克思休闲思想的研究并没有引起教育学、心理学、生态学、管理学等方面专家学者的足够关注。我们知道,马克思休闲思想理论视域宽广,既与哲学、休闲学有关,也与经济学、社会学、文化学、历史学、生态学、管理学、思想政治教育等众多学科相关,是一个涉及多领域、多学科的问题。同时,休闲活动同许多其他社会活动一样具有多层次和多样性,与社会经济、政治、文化发展之间关系紧密,需要多要素的参与和支持。单一的学科边界限制了对马克思休闲思想更深层次内涵的挖掘,也不能全面体现出其独特而重要的价值。因而,加强马克思休闲思想的跨学科研究,有利于借鉴各学

---

① 刘晨晔:《休闲:解读马克思思想的一种尝试》,中国社会科学出版社2006年版,第41页。

科既有研究成果，发挥各学科的研究特长和优势，在视角的交叉、观念的碰撞与融合中拓宽我们认识和理解马克思休闲思想的视域，在更深层次上全面把握马克思休闲思想的内在本质及其规律。

总而言之，上述研究极大丰富了马克思主义经典著作研究学术成果的宝库，在许多方面填补了学术研究上的空白，但总体而言，对马克思休闲思想的研究仍然还处于起步阶段，在对马克思休闲思想体系的深入系统研究方面还留有较大空间，对马克思休闲思想当代价值的探讨也较薄弱，且以当代经济价值的探讨居多，而对马克思休闲思想生态价值的系统研究很少或没有。马克思休闲思想隐含丰富而深刻的生态意蕴：人类不适当、过度的劳动极大破坏了自然生态，而科学、适度的劳动是人与自然和解的必然要求。休闲在调节劳动节奏，缓解身心疲劳等方面发挥着不可或缺的重要作用，承载了修复人与自然关系的重要职责。本研究正是从休闲与生态的关系入手，从马克思著作中挖掘出隐喻着的生态休闲思想，加以系统的整理阐释，指明马克思生态休闲思想的当代意义。

三、研究的思路和研究方法

马克思生态休闲思想的挖掘与研究，既需要基于阅读马克思的原著，又要紧密联系生活实际，还要立足于思想政治教育学科发展。因此，理顺研究思路、选择合适的研究方法对完成研究任务具有重要意义。

（一）研究思路

对马克思生态休闲思想的研究立足于原著，并分层次逐一展开：

第一层次，厘清生态休闲的基本规定与特征，为马克思生态休闲思想研究奠定基本的学理基础。从形式上说，生态休闲是指亲近自然、融入自然的休闲活动；从分类上，可分为自然生态、精神生态、人文生态；从层次上说，它是一种超越一般更高层次的休闲；从内容上说，它体现的是对自然的感悟和对生态环境的体验，以及关于休闲问题的一切积极、健康、文明的思想和观念在社会生活等各个领域的延伸和物化。马克思休闲思想具有积极、健康、文明的价值导向，含有丰富的生态意蕴，生态维度是指认和解读马克思休闲思想的另一重要维度。而马克思休闲思想研究范式的生态转向也是生态文明建设背景下深化马克思休闲思想研究的现实要求。

第二层次，通过对文本全面深入的解读，力图挖掘隐藏在马克思思想体系中的生态休闲思想，并对其进行指认与解读。重点考察生态休闲与劳动的关系。劳动视角是理解马克思生态休闲思想的重要切入点。盲目和过度劳动是造成人与自然关系失谐的主要原因，生态休闲不必然以消耗大量的物质和自然资源为条件，在恢复体力、慰藉心灵等方面发挥的作用正调节着劳动的节奏，承载着修复人与自然关系的重任。

第三层次，借鉴其他学者已有的研究成果以及之前对文本的解读，力图从哲学层面上对马克思生态休闲思想做进一步的解读与阐释。人与自然的关系是马克思生态休闲思想论证的重要领域，自由时间的积极利用是马克思生态休闲思想的内涵体现，人的自由全面发展是马克思生态休闲思想追求的价值旨归，无产阶级休闲权益的保障是马克思生态休闲思想实现的前提条件，社会生产力的发展为马克思生态休闲思想的实现奠定了物质和时间基础。

第四层次，考察马克思生态休闲思想的理论价值与实践价值，将理论与实践相结合。反思我们当前休闲实践存在的问题，结合对马克思生态休闲理论的挖掘，探究马克思生态休闲理论对当前休闲实践的指导价值，为我国生态休闲文明建设和现实休闲中存在的问题提供理论指导和解决途径，进而促进休闲领域人与自然、人与人、人与社会的真正和谐。

(二) 研究方法

研究方法对研究活动的开展至关重要，研究方法会影响研究活动本身，乃至研究结果的差异性，不同的研究方法，有可能生成不同的研究结果。本书的研究主要采用下列几种方法：

1. 综合分析法

综合收集国内外与马克思的生态休闲理论相关的文献、资料，进行纵向或横向整理、比较、分析，丰富本书的理论内涵。同时，注重分析过程中理论与实际的结合，坚持以马克思主义理论视角，考察和分析当今社会存在的生态休闲问题以及解决生态休闲问题的出路和方法。

2. 归纳总结法

由于马克思在其文本著作中并没有就休闲问题作出过直接论述，因此在浩瀚的文本中寻找指认生态休闲的理论依据就显得尤为重要。马克思的生态休闲思想散落于其著作文本的各个方面，他的自由时间理论、异化劳动学说、消费理论、人的自由全面发展理论、人与自然关系学说都隐喻了生态休闲的内涵，因此就需要运用归纳总结的方法，从分散的论证中提炼出马克思生态休闲思想的内核与精神实质。

3. 症候阅读法

症候阅读法是法国著名哲学家、结构主义马克思主义的奠基人阿尔都塞（Louis Althusser）在解读马克思思想时创造的方法。"所谓症候阅读法就是在同一运动中，把所读的文章本身中被掩盖的东西揭示出来并且使之与另一篇文章发生联系，而这另一篇文章作为必然的不出现存在于前一篇文章中。"[①] 即通过有形文字，读出"理论空白"，揭示作者写作文本的深层理论问题。由于马克思、恩格斯著作中休闲话语的缺失，因此需要用症候阅读法分层次地解读出其隐喻的含义，挖掘深藏于马克思思想体系中的生态休闲主张，探究马克思文本语句背后潜藏着的更深一层话语的隐性逻辑。从掌握的文献来看，症候阅读法也是国内许多学者在研究马克思休闲思想时常用的研究方法。

4. 系统研究法

生态休闲的问题的研究会涉及哲学、经济、政治、社会、历史、文化等诸

---

① [法]路易·阿尔都塞、艾蒂安·巴里巴尔：《读〈资本论〉》，李其庆、冯文光译，中央编译出版社2008年版，第16页。

多领域，会运用到休闲学、社会学、生态学、法学等众多学科的知识，是一项系统工程。因此，要突破单一思维框架，从多角度、多层面对其进行系统研究。多角度、多层面研究马克思生态休闲思想就是要充分发挥多学科交叉研究的优势，针对不同问题，恰当地运用不同学科的方法，从多角度视野对问题进行更为系统、全面的探讨和分析，使文字背后隐喻的生态休闲思想得到最大程度的解蔽。

四、主要创新点和不足之处

从生态维度阐释马克思休闲思想还是一个比较新的研究视角，本书在立足原著的基础上，结合我国生态治理和社会休闲实践的现状，试图在理论与实践的研究中做出一点创新。由于本人学术水平的限制，文章还存在较多不足与改进的空间。

（一）主要创新点

关于创新的含义有不同的理解，但是一般认为，所谓创新就是在借鉴他人研究成果基础上提出有别于他人、常人的观点、思想；或者采用有别于他人、常人的研究方法、思维模式论证相同的问题。本书在下列三个视角尝试创新。

其一，在研究角度上，本书从生态的维度对马克思休闲思想进行系统的整理和阐释，这是一种研究角度的创新。时间维度、活动维度、状态维度是定义休闲的常见维度，也是以往指认和解读马克思休闲思想的三个主要维度。通过对马克思著作文本的深入耕读发现，马克思休闲思想隐含丰富而深刻的生态意蕴，而以往的研究少有或没有从生态维度对马克思休闲思想加以指认和解读，这也是对马克思休闲研究的深化。

其二，在理论上，研读马克思经典著作，在对马克思生态休闲思想的基本观点进行阐述的过程中有所突破和创新。对马克思生态休闲思想的指认和解读体现了一种理论创新，主要表达以下观点：劳动视角是理解马克思生态休闲思想的重要切入点，盲目和过度劳动是造成人与自然关系失谐的主要原因，生态休闲不必然以消耗大量的物质和自然资源为条件，在恢复体力、慰藉心灵等方面发挥的作用正调节着劳动的节奏，承载着修复人与自然关系的重任；自由时间的性质和状态取决于主体对它的利用，生态休闲时间正是马克思所说的"从事较高级活动的时间"，是休闲主体对自由时间的积极利用；自然环境是人的全面发展的前提基础，生态休闲是人的自由全面发展的重要实践形式。

其三，在实践上，立足于我国全面建成小康社会的时代背景，从五大发展理念的本质要求出发，探析马克思生态休闲思想的当代价值，就马克思生态休闲涉及的劳动者休闲权益、自由时间的积极利用，休闲中人与自然的和谐等问题作出现实探讨，以期在马克思生态休闲思想的指导下，考察生态休闲文化、生态休闲教育、绿色生活、休闲经济和生态休闲权益，促进我国生态休闲的全面发展。一定意义上创新了生态休闲实践的方法与路径，也拓展了思想政治教育实践活动开展的空间。

（二）本书的不足之处

虽然本人花费大量时间认真阅读马克思、恩格斯原著，试图深入挖掘隐喻在文本中的生态休闲思想，并立足于当前中国社会发展实际，剖析马克思生态休闲思想的当代价值，但限于自身的知识积累和能力，本书仍然存在不少局限性。

1. 对马克思、恩格斯外文原版著作的学习和研读较为缺乏。由于语言方面的限制，缺乏对马恩外文原版著作的学习和研读，现有的研究基本是借助于国内出版的中译本等二手资料，因此其间难免会存在语义语境上的出入和差错，缺少对一些词语、概念在马恩作品原稿中的亲自考证，例如中译本中的"自由时间""闲暇"等词语的含义与原稿中所表达的含义是否吻合？这里的"自由时间"在含义上是否等同于"休闲"？这些都是在今后的研究中有待关注和加强的。

2. 对马克思生态休闲思想研究相关概念、逻辑关系等问题的精准阐释还有待提高。由于本人学术水平及研究视野的限制，对马克思休闲思想的理解还不够深刻，而从生态的角度进一步挖掘马克思休闲思想的深刻内涵，更是一项全新的挑战和艰巨的任务。因此，对相关研究范式、相关概念的把握还不够准确，对相关逻辑关系的阐述还不够到位，这些都需要在今后的不断深入思考和学习中继续深入研究与潜心感悟。

3. 对马克思生态休闲思想的内容、当代价值等难点问题的研究还有待深化。概括而言，在对马克思生态休闲思想进行研究的过程中，还存在着一些较为突出的难点问题：其一，关于马克思生态休闲思想内容的研究。由于马克思在其著作中并没有直接论述生态休闲问题，只是在字里行间隐喻了生态休闲问题，因此必须充分运用症候阅读法挖掘深藏于马克思思想体系中的生态休闲主张，而且要立足于原著，不能简单地将现代休闲理论嫁接到马克思思想体系中，所以这部分内容的研究和阐述相对较困难。其二，关于马克思生态休闲思想的当代价值研究。若要深刻揭示马克思生态休闲思想的当代价值，就必须从中国特色社会主义建设的本质要求出发，切实深入社会、深入生活进行调查研究，掌握第一手事实材料。这样才能就马克思所关注的休闲中的生态关怀等问题做出现实的探讨，献言于社会主义现代化建设。这两部分内容是全书写作过程中较难啃的"骨头"，鉴于主客观条件的限制，在驾驭能力方面还有欠缺，在论证方面还有不够充分的地方。

第二章 马克思生态休闲思想研究的概念界定与范式探析

马克思休闲思想内含丰富的生态意蕴，从生态维度探析马克思休闲思想并实现生态研究范式转向是深化和创新马克思休闲思想研究的重要致思路径。探究马克思生态休闲思想之前，有必要对休闲、生态休闲的含义进行考察，厘清休闲、生态休闲的基本规定与特征，为马克思生态休闲思想研究奠定基本的学理基础。马克思休闲思想的生态内涵是其休闲思想研究范式转向的重要依据。马克思休闲思想生态范式研究有利于彰显马克思休闲思想的时代价值，有助于完善并确立马克思休闲思想的研究范式，有助于当代生态休闲建设。坚持研究过程中学理与实践的有机结合，强化研究过程中对生态价值的审视与观照，促进研究过程中视界的多维度融合是马克思休闲思想生态研究范式转向的重要路径。

一、现代休闲含义考察

近年来，"休闲"是一个颇受人们关注的词汇。在学界，关于休闲概念的界定可谓众说纷纭，学者们从不同维度对休闲概念做出了界定，其中较有代表性的定义有以下几种。

(一) 休闲的含义

1. 现代休闲研究的鼻祖凡勃伦（Thorstein B. Veblen，1899）在《有闲阶级论》中指出："休闲"这个词并没有慵懒或毫无作为的意涵。该词所隐含的意思为非生产性的消耗时间。时间消耗在非生产活动是因为：（一）认为生产性工作的无价值论；（二）以此证明有足够的财力来维持闲散的生活。① 这种非生产性的时间消费是社会地位的象征。

2. 德国哲学家约瑟夫·皮珀（Josef Pieper，1947）在《闲暇：文化的基础》一书中指出："当一个人和自己成为一体，和自己互相协调一致之时，就是休闲。休闲不是懒惰，是一种精神的现象，一种灵魂的状态；是一种内在的无所忧虑，一种平静，一种沉默，一种顺其自然的无为状态；也是一种无法言传的愉悦状态。"② 皮珀对于休闲的定义更侧重于精神状态、心理感受。与此同时，皮珀在书中通过充满洞见和智慧的论述，也向我们阐释了这样一种观点，拥有休闲才能实现更高层次的人生理想，创造出更为丰富完美的文化成果，即休闲是文化的基础。

3. 美国学者查尔斯·K. 布赖特比尔（C. K. Brightbill，1960）指出："休闲是需应付生存之外的时间，做完必须做的事情，生物上维持生计……及谋生必须做的事情后……它是可自由支配的时间，是根据个别的判断或选择而利用的时间。"③ 在这里，布赖特比尔主要是从时间的维度对休闲进行了界定。

4. 法国社会学家杜马哲迪尔（J. Dumazedier，1967）更侧重于从社会活动的角度来界定休闲。他认为，"休闲是指人们从工作、家庭、社会的义务中摆脱出来，为了休息、转换心情、增长知识而自发性地参与可以自由发挥创造力的任何社会活动的总称"④。放松（Relaxation）、娱乐（Entertainment）、个人发展

---

① [美] 凡勃伦：《有闲阶级论》，李华夏译，中央编译出版社2012年版，第41页。
② 参见 [德] 约瑟夫·皮珀：《闲暇：文化的基础》，刘森尧译，新星出版社2005年版，第40—41页。
③ 转引自郭鲁芳：《休闲学》，清华大学出版社2011年版，第4页。
④ 转引自李仲广、卢昌崇：《基础休闲学》，社会科学文献出版社2004年版，第88页。

（Personal Development）是休闲的三个密不可分的组成部分，其中个人发展是最为持久和重要的组成部分。杜马哲迪尔的定义强调了社会活动在休闲中的重要作用。

5. 美国著名休闲研究学者杰弗瑞·戈比（Geoffrey Godbey，1999）认为："休闲是从文化环境和物质环境的外在压力中解脱出来的一种相对自由的生活，它使个体能够以自己所喜爱的、本能地感到有价值的方式，在内心之爱的驱动下行动，并为信仰提供一个基础。"① 戈比教授对休闲的阐释强调了休闲是一种"相对自由"的状态，从一定程度上来说，这种"相对自由"的状态可以超越时间、物质、环境等因素对休闲的限制。

6. 美国伊利诺伊大学休闲研究系教授，美国国家休闲科学研究常务理事约翰·凯利（John R. Kelly，2000）认为，"休闲最好被理解为一种'成为状态'（state of becoming）……休闲并不仅仅是当前的现实，而是动态的……应该通过其行为取向而不应以时空、形式或结果来对休闲加以界定。这样，任何一个过于静态的模式都应加入一些对人的存在及其情景的动态分析。至少在某种意义上，休闲既是'成为的状态'，也是'存在的状态'。"②

7. 我国著名休闲研究学者马惠娣对休闲的理解是："一般意义上的休闲是指两个方面：一是解除体力上的疲劳，恢复生理平衡；二是获得精神上的慰藉，成为心灵的驿站。它是完成社会必要劳动之后自我支配的时间，是人的生命状态的一种形式。而对于人之生命的意义而言，它是一种精神的态度，并在人类社会进步的历史进程中扮演着重要的角色。"③ 马惠娣老师曾多次在文章中表达过，自己十多年从事休闲研究的一个重要收获是学会"以欣然之态，做心爱之事"，可以说这句话也概括了她对休闲的一种理解。

---

① ［美］杰弗瑞·戈比：《你生命中的休闲》，康筝译，云南人民出版社，2000年版，第14页。
② ［美］约翰·凯利：《走向自由——休闲社会学新论》，赵冉译，云南人民出版社2000年版，第22页。
③ 于光远、马惠娣：《于光远马惠娣十年对话——关于休闲学研究的基本问题》，重庆大学出版社2008年版，第221页。

(二) 休闲定义的基本维度

有学者做过统计，现在关于休闲的定义至少也有二十几个[①]，可见休闲本身的特殊复杂。通过上文对现代休闲研究具有代表性的几种休闲概念的列举可以看到，尽管概念的界定千差万别，各不相同，但基本是从以下几个维度进行定义的。

其一，时间维度。时间维度是界定休闲的最基本维度，也常常被等同于休闲的必要条件。用时间界定休闲的优势在于，我们可以利用日历和钟表很便利地测量与量度时间，利用时间这个标尺来划分和区别不同的日常生活状态与活动。但自由时间并不是休闲的充要条件，有学者对于用时间维度来定义休闲提出疑问："确切地讲，作为我们定义中的另一个关键词，'空闲'也是一个难以理解的概念。如果休闲是除工作和责任之外的时间，那么，我们就必须搞清楚工作和责任的含义，但我们搞清楚了吗？不，我们没有真正搞清。退一步讲，倘若我们真的弄明白了这一点，这种定义还存在着其他问题，而休闲可能会再次被等同于'除……以外的空闲时间'……'空闲时间'的定义没有告诉我们空闲的时间是什么，但却告诉了我们空闲时间不是什么。"[②]

其二，活动维度。社会活动是定义休闲的另一重要维度。从活动的角度定义休闲是在时间维度定义休闲基础上对休闲概念的拓展。人在社会之中总要从事一定的社会活动，休闲自然也离不开某种具体的活动。因此休闲常被看作是闲暇时间内自由从事的一系列活动。这种活动包含的范围广泛，表现的形式多样，但通常都强调是主体自由参与的活动，活动时间的安排是自由的，是自愿的、愉悦的活动。但是这种活动维度的休闲定义也有其局限性，即使在同样时间内从事同样活动，不同的人在活动中获得的感受与意义也是不同的，与个人的文化背景、经历体验、生活方式等多种因素都有关系。自由时间内自由参与

---

① 参见郭鲁芳：《休闲学》，清华大学出版社2011年版，第4页。
② [美] 托马斯·古德尔、杰弗瑞·戈比：《人类思想史中的休闲》，成素梅等译，云南人民出版社2000年版，第7页。

的活动也未必会获得愉悦的体验，而一味追求快乐的娱乐活动也未必获得身心的放松与个人的发展，甚至非但不会促进个人的发展还有可能危害身心健康。而过于强调休闲的活动维度可能会导致休闲成为一系列精心设计的程式化活动，而忽视了主体的内在心灵体验。

其三，状态维度。正如杰弗瑞·戈比、约翰·凯利等学者所指出的，休闲既是当前现实已经存在的状态，也是面向未来正在成为的状态，它可以用一个客观事实的时间范畴、形式范畴来界定，但又不能仅用单纯的时间范畴、形式范畴来界定。从状态的角度来界定休闲，正是看到了休闲并没有什么特殊的、固定的外在形态的一面，无论是在什么时间，或者是从事什么具体活动，只要呈现出积极、愉悦、畅爽、自由、幸福、和谐等状态，就可以界定为休闲。正是在这种状态中，人们获得了身心的愉悦、精神的满足，也获得了指向未来的自我成长与发展的空间。

综上，通过对休闲含义不同维度的考察，让我们对休闲的丰富内涵有了更深入的理解，同时，通过比对分析也抽象出休闲概念中内含的一个核心要义：自由。首先，在休闲的时间维度上，无论是应付生存之外的完全可供个人自由支配的毫无羁绊的时间，还是在工作等情景状态中相对自由的时间，都强调了休闲是在自由时间内从事的活动。其次，在休闲的活动维度上，普遍强调休闲是具有行事自由的"自发选择""自发参与"，是"自由地做事"。再次，在休闲的状态维度上，休闲是一种相对自由的状态，也正是在这种相对自由的状态中实现身心的和谐，获得内心毫无羁绊的放松、愉悦、畅爽、满足，进而也为自身的进一步发展积聚和提供能量与动力。

通过学者们对休闲的定义中也可以看到，休闲中蕴含的自由含义具有积极的正面价值，它的价值在于让我们在休闲的实践中按照自己内心真实的愿望自由地选择与做事，但休闲定义中的自由也并非是完全不受限制的自由，如果有人认为过度的娱乐和毫无节制的消费，其消耗的是自己的时间，花费的是自己的金钱，是一件与任何人无关的事情；认为自由就是可以完全不受限制地行事，甚至做出对自己或是他人具有危害的行为，那就大错特错了。正如一个人不可能生活在真空中一样，生活在社会中的人在享有自由的同时也必须承担相应的责任与义务，所以即使是看似较为个人化的休闲，在享受个人自由，追求个人自由发展的过程中也不能脱离社会责任的限制。因此，休闲概念中的自由有其特定的限制：其一，休闲概念中的自由是追求一定意义的自由。休闲中我们获得了自由，但自由并不是目的的本身，自由的价值在于可以让我们自由地做事，如果在自由时间内无所事事，那自由就失去了应有的意义。正如马克思所言，"有意识的生命活动把人同动物的生命活动直接区别开来"①。漫无目的、无所事事的自由是没有意义的自由，人的自由与动物的自由的一个重要区别就在于人所追求的自由是有一定意义的自由，正如在自由时间内无所事事虽然也是我们自由的一部分，但不能是我们自由的全部，否则就不能体现人的自由的真正价值，而走向自由的休闲也变得意义索然。其二，休闲概念中的自由是承担了相应社会责任后的自由。休闲中的自由并不是为所欲为的自由，在现实生活中也不存在这样的自由，在追求和享受自由的休闲过程中，也不能把自由与责任分离开来。虽然自由更偏重以个人为中心，责任偏重以他人为中心，有其对立的一面，但责任与自由又是相互统一的。责任的承担与完成恰恰是以获得自由为目的，失去了对他人、对社会、对自然的责任，自由也失去了赖以存在的基础。正如有人常常强调休闲是一种个人的体验与活动，但决不能将休闲理解为完全是一种个人行为，在休闲过程中只有处理好了个人与自我身心、个人与他人、个人与社会、个人与自然的关系，才会享有与享受更多的自由，才能真正体现休闲的真谛。其三，休闲概念中的自由"是一种能力，一种做自己想做之事的能力。"② 自由的实现固然会受到时间、金钱等资源的限制，但休闲恰恰是我们在从事一定活动中体现出来的一种选择的能力，只有通过智慧的选择来合

---

① 《马克思恩格斯文集》第1卷，人民出版社2009年版，第162页。
② ［美］托马斯·古德尔、杰弗瑞·戈比：《人类思想史中的休闲》，成素梅等译，云南人民出版社2000年版，第9页。

理匹配我们的要求与现有的资源,我们才是自由的。一个人如果没有知足之心,即使拥有再多的资源也不会享受到自由。因此,只有全方面发展自己的能力才会让我们真正享有更多的自由。

(三)休闲定义的生态维度

通过上文对休闲的概念以及休闲概念中的核心要义"自由"的分析,我们可以看到,无论是侧重哪个维度来定义休闲,学者们普遍达成共识的是休闲是一种享受生活快乐、体验美好事物、追求生命意义的实践活动。自由、和谐、愉悦、舒畅是休闲的基本特征,在实践与体验这种有助于满足心理和文化需求的活动的过程中,获得个体身心的愉悦,并实现个体、社会、自然三者之间关系的协调发展。由此我们也可以看到现代语义下的休闲也是生态语义下的休闲,考察休闲的含义不能忽视休闲概念之中内含的另一个重要维度——生态的维度。

生态(Eco-)一词是拉丁文,是从古希腊语"OLKOS"派生而来,原指家、住所、栖息地的意思。现在的生态一词通常是指生物在一定的环境下生存与发展的状态,而研究生物与相关环境之间关系的学科被称为生态学。如今,随着生态学的发展及其向各个领域的渗透,"生态"一词涉及的范畴也越来越广,人们常常使用"'生态'这个词来指称许多美好的事物,特别是指称那些非人工修饰的、自然的、美好的事物,如合乎自然规律的、健康的、美的、和谐的等事物,均可冠以'生态'这个词来加以修饰"[①]。

随着中国社会的快速发展,普遍有闲社会的到来,人们的生活方式与休闲方式都发生了巨大的变化。从无闲到普遍有闲,人们在经历了"休而不闲"的烦恼,感悟到放纵休闲对于生命时间的浪费,不良休闲活动对于身心健康的伤害之后,逐渐开始反思休闲的应有含义与样态,而绿色、健康、文明的生态休闲方式越来越多地成为人们自发的选择。而从文化发展的总体趋势上看,"人类文化经历了自然文化—人文文化—科学文化这三个阶段,现在将向生态文化的

---

① 方世南:《马克思环境思想与环境友好型社会研究》,上海三联书店2014年版,第4页。

方向发展。"① 生态文明是人类文明发展的新阶段，休闲文化作为社会文化的一个重要组成部分也势必会朝着生态的方向发展，并不断凸显其生态意蕴，从这个意义上讲，挖掘休闲的生态内涵，相应加强生态休闲文化建设也成为时代发展的迫切需求。

二、生态休闲与马克思休闲思想的生态维度

何谓生态休闲？对于这一全新的休闲理念，目前虽然学界对此还没有一个能够达成基本共识的较为完整的阐述，但已经有学者开始关注并进行了初步的探索研究。一些学者结合自己的研究领域，从不同视角出发，提出了一些自己的观点，其中不乏真知灼见。

（一）生态休闲的内涵

包庆德等人认为，生态休闲"是指人的生态化休闲与发展的生态空间，就是为不断满足科学、文明、健康休闲的需要而处于的生态文明创造，就是欣赏与建构的一种高层次、高品位、高质态的生存状态和发展状态，它既是人类着力建造的生态环境物质文化家园和生态享受精神文明家园，也是人的一种崭新的生活方式和生活态度。人们的生态休闲通过人类群体所特有的生态行为规范、生态思维方式，天人合一的感情，关爱生命的伦理，创建生态文化意境，通过环境保护途径，从而达到个体身心和意志品德的全面完整的发展"②。并进一步指出，"生态休闲的实质是在培养和完善人的一切属性的过程中特别强化'人的生态危机意识''生命的道德化意识''生活的质量化意识'和'生存的生态化意识'，从而充分体现当代人的生态价值和发展意义，推动人类生态文明

---

① 余谋昌：《环境哲学：生态文明的理论基础》，中国环境科学出版社2010年版，第295页。
② 包庆德、叶立国：《生态休闲与休闲经济》，载《自然辩证法研究》，2001年第9期。

进程。"①

　　李春生指出,"生态休闲是建立在休闲的基础之上,人与自然和谐共存,融入自然的一种生活状态和行为方式。或者可以说,在一定的自然环境中,暂时放弃人类特有的、以人类为主体的观念,接受自然和感受自然环境,使身心处于'无为'或零度心态的状态。生态休闲的实质是对自然的感悟和对生态环境的体验。"② 作者认为,生态休闲实现了人与自然的统一,是"人们劳作之后实现与自然和谐相处、融入自然、返璞归真的理性思考和感悟及自觉选择。它既是对传统休闲的提升,更是人与自然统一的一种全新形式。这种统一有着深厚的哲学基础,即生态哲学"③。

　　田宪臣在论及生态休闲在实现人与自然和谐过程中所发挥重要作用的文章中,阐述了对于生态休闲的理解,指出"它既是一种自觉保护自然、保护生态环境的文明的休闲形式,又是人的一种崭新的生活方式和生活态度,是人类保护自然的一种积极措施;它要求减少人类对于自然的物质变换,抑制自然资源的过度消耗,降低人类活动的环境影响;它强调人们尊崇自然的异质性,充分感悟自然,把自然作为一个有个性的独立生命来看待,达到与自然的和谐交流"④。凸显了生态休闲是一种人与自然和谐相处的休闲形式。

　　李钰以大自然生态系统内的自然景观为主体,从人居环境的视角阐释了生态休闲,指出,"'生态休闲'是指在以大自然生态系统内的自然景观为主体,融合区域内人文、社会景观对象,让居住者通过与自然,与人的交流,同时达到放松、娱乐、个性发展和回归自然的多重目的。这其中人的感受、个性的发展是'生态休闲'最为持久也是最为重要的组成部分。在这种境界的指引下,人们抛弃功利或实用主义,通过游历、阅读甚至与同在放松状态下的其他人交

---

① 包庆德:《简论生态休闲与人的全面发展》,载《中国矿业大学学报(社会科学版)》,2007年第4期。
② 李春生:《生态体验:从休闲到生态休闲》,载《自然辩证法研究》,2006年第10期。
③ 李春生:《生态体验:从休闲到生态休闲》,载《自然辩证法研究》,2006年第10期。
④ 田宪臣:《生态休闲:人与自然和谐之道》,载《湖北社会科学》,2010年第2期。

谈，尽情沐浴阳光，捕捉灵感，获取信息，形成新的观点，深化并扩展情感，发现真我，为个体自我认同的塑造与表现提供特别的并且是极其有利的机会，最终个体得以舒展，生活更具内涵。"①

上述学者运用哲学、休闲学、生态学等多种学科知识，从多角度对生态休闲的含义进行了多维阐释，为我们全面理解生态休闲内涵奠定了良好的理论基础。但无论从什么角度进行定义，笔者认为，生态休闲应具备如下一些基本内涵。

其一，生态休闲是亲近和尊重自然的休闲活动。马克思、恩格斯的观点认为，人是自然的一部分，人的存在与发展不能脱离自然，也正是在认识、利用、改造和适应自然的过程中，人类社会得以不断发展。因而，对于休闲的研究，既要从人的视角进行考察，也绝不能忽视自然的视角，强调人与自然的和谐统一。特别是随着我国改革开放的深入发展，中国社会经历着空前变革。经济快速发展，物质日益丰富的同时，人与自然的关系也日趋紧张，由环境问题引发的社会冲突日益增多。休闲作为人们日常生活的一个重要组成部分，休闲观念、休闲内容、休闲方式都会影响人与自然的关系。其中，不良的休闲活动、过度的休闲欲望诉求会加剧人与自然关系的紧张。反之，人与自然关系的不和谐进而也会导致休闲的畸形发展。因此，具有积极价值导向的生态休闲，对于维护和促进人与自然之间关系的和谐具有不可替代的重要作用。生态休闲与一般意义的休闲的一个明显区别就在于，生态休闲更好体现了人与自然的和谐统一。生态休闲活动的内容可以不用过多拘泥于具体物质条件的限制，也不必以消耗大量的物质资源为前提，而呈现出低耗、环保特征的艺术的、审美的、精神的非物质性休闲活动则更好地体现着生态休闲的本质和精髓，更利于维护人与自然关系的和谐。此外，生态休闲是休闲主体对自然的体验和感悟之后的自发选择，体现了休闲主体对于休闲活动赖以展开的自然环境的自觉维护与尊重。生

---

① 李钰：《生态休闲——人居环境建设的完美之旅》，载《山东林业科技》，2006年第2期。

态休闲方式的选择也折射出休闲主体对自然的亲近、喜爱与向往之情。自然的包容之美可以极大缓解和消除高频率、快节奏的工作所引发的精神紧张和身体疲惫，让人们获得内心的宁静和纯洁。置身自然之中，人们感受到的是震撼、惊异、放松、愉悦和敬意。休闲创造了人与自然融合的机会，而也正是在人与自然的有机交融中，才能更好地感悟到自然带给人们的启示。正因如此，亲近自然的生态休闲方式越来越多地成为人们自发的选择。

其二，生态休闲是关注人的全面发展的更高层次的休闲。一定意义上说，休闲目的决定了休闲的层次。美国学者杰弗瑞·戈比把休闲活动划分为五个层次：放松、消遣、发展、创造、感觉超越。放松、解闷、消磨时间等以恢复身心疲劳和单纯娱乐为目的的休闲属于较低层次的休闲，而以追求精神之自由、探寻生命之本真、促进人的自由全面发展为目的的创造性的、感觉超越的休闲是最高层次的休闲。据2010年9月《小康》杂志社联合清华大学媒介调查实验室开展的全国休闲方式调查显示，十大公众休闲方式依次为："上网、看电视、看电影、阅读、观光游览、逛街购物、参加各种社交聚会、度假休闲、打游戏、球类运动。"[①] 从休闲方式上看，公众休闲方式大多以放松身心、消遣娱乐为主，仍停留在较低层次。但不可否认的是，随着休闲实践的不断深入，对休闲理解的日趋丰富，人们在休闲层次、休闲品位方面有了更高要求，学习提高型和技巧发展型的休闲活动受到了欢迎。例如，越来越多的人开始利用闲暇时间从事学习进修、钻研制作；在吹拉弹唱、诗歌绘画、体育锻炼中培养业余爱好；芭蕾、歌剧等高雅艺术也有了固定市场。休闲目的在发展中也悄然发生着变化，"一部分中国人开始在闲暇时间，通过做环保、捐助、慈善、扶贫、爱动物、爱植物等各类主题的公益活动，使自己获得一种身心愉悦的感受。"[②] 也正是在类

[①] 《小康》：调查显示中国开始公益休闲时代，腾讯网：http://gongyi.qq.com/a/20101009/000022.htm。

[②] 《小康》杂志社中国全面小康研究中心：《调查显示：中国开始公益休闲时代》，腾讯网：http://gongyi.qq.com/a/20101009/000022.htm。

似慈善、环保等公益休闲活动的参与中，人们把自我发展和社会责任紧紧联系在一起，与此同时，与大自然的亲密接触，愈加触发了人们对于生存于其中的自然环境的思考，更加珍惜和享受着自然带给人的宁静与平和，从而自然而然地实现了人的自身发展与自然的和谐相处。概而言之，社会经济的快速发展改变着人们的生活方式，同时也带来人们对更高层次休闲的需求。人们的休闲需求已经不再满足于仅仅停留在物质消费层面的单纯休息和娱乐。积极、健康、文明的生态休闲不仅有助于让人们获得身心的放松和休息，还有助于促进形成正确的世界观、人生观、价值观，在休闲实践中实现自身的全面发展。从休闲层次上来看，以促进人的全面发展为目的的生态休闲是更高层次的休闲。积极、健康、文明的休闲不仅有助于让人们获得身心的放松和休息，还有助于促进形成正确的世界观、人生观、价值观，在休闲实践中实现自身的全面发展。

其三，生态休闲是一种积极自主的休闲活动。从上文关于休闲内涵的阐释，可以看到，休闲是一个较为复杂的集合概念，所以很难就什么是积极自主的休闲活动做出一个确切的定义。但是显然，积极自主的休闲活动呈现出一种积极的价值取向，也是休闲主体自觉自愿的选择，是一种于社会、个人而言都较为满意的休闲活动。因此，对其理解可以参考有关学者所提供的，什么是令人满意的休闲活动的判断标准："在比较高的程度上，休闲应体现出个人自身的原动力和自我完善的特征，而不带有社会和经济秩序的强迫性。休闲必须能使人对某一类事物保持相对持久的兴趣。休闲应该尽可能地包括我们生活中出现的各种活动或状态。最后，休闲起码也应该与身心健康和社会利益相容，即便不是对它们有所裨益。"[①] 综合而言，笔者认为，积极自主的生态休闲至少包含以下两层含义。第一，生态休闲活动必须是积极有益的休闲活动。现实生活中，存在着积极、健康、文明的休闲方式，但是也同时存在着赌博、酗酒、看色情表演等低俗、不健康的休闲方式。在纳什（Jay B. Nash, 1953）的休闲等级分层理

---

① 转引自［美］托马斯·古德尔、杰弗瑞·戈比：《人类思想史中的休闲》，成素梅等译，云南人民出版社2000年版，第250页。

论中，伤害自我、反社会行动等不良休闲行为处在休闲行为的最低等级。底层次的休闲活动有一定的需求市场，但是这并不能满足人们日益增长的物质文化需求。低俗休闲活动的存在是有一定客观原因的，例如休闲活动设施缺乏、休闲技能不足的现实限制了人们的休闲发展，而相应保障制度不完善、资源配置不均衡的情况也导致了城乡、地区间休闲发展的不平衡。对于高层次的休闲人们并非没有强烈的需求，但正如马斯洛的需求理论所表达的含义一样，"当一个人的社会性休闲需求得不到满足时就只能诉诸本能和感官的刺激和享受"[①]。因此，相关政府公共部门在完善休闲基础设施、保障相应制度政策、加强休闲文化引导方面的工作就显得尤为重要了。与此同时，生态休闲活动不仅要与身心健康相容，也不能有损于我们置身于其中并赖以生存的环境。提到生态休闲，人们会很自然地将亲近自然的旅游活动与之关联，甚至狭隘地在两者之间画上等号。生态休闲有其亲近自然的一面，置身于自然的旅游活动从这一点上来说符合生态休闲的规定，但这种亲近自然的旅游活动的组织和参与，如果对环境产生负面影响的话，显然不能将其划入生态休闲的范围。例如，一些自然风景区为了获得更多经济效益，对景区的自然资源进行无规划、无节制地开发利用，过多的游客量、过长的营业时间（如有些自然景区在夜间仍然营业，为保证游客安全，而大量使用灯光照明，这在很大程度上影响了植物正常的生长周期，对生态环境造成潜在的破坏），都会破坏原本已经脆弱不堪的生态环境，这样组织、参与的休闲活动显然有悖于生态休闲的内在规定。第二，生态休闲是自主的休闲，应体现出手段与目的的高度统一。生态休闲正是契合了伦德伯格所描述的能体现出个人自身原动力，不带有社会和经济秩序强迫性的，具有较高层次的休闲。生态休闲应该是人们出于内在的真实需求、自主支配的、绝无外在强迫的休闲，休闲活动应该体现出休闲手段与目的统一。生态休闲的价值旨归是人的自由全面的发展，生态维度下的休闲势必要以休闲活动本身为目的。正

---

① 范松仁：《欠发达地区农民休闲问题研究——以江西为例》，载《求实》，2010 年第 7 期。

如马克思所指出的,"在这个必然王国的彼岸,作为目的本身的人类能力的发挥,真正的自由王国,就开始了"①。然而,在现实生活中,许多休闲活动并非以自身为目的,不是为了休闲本身而进行休闲。特别是当前社会,社会劳动生产率大幅提高的同时,消费主义也日渐盛行,"有形利益"和"物质报酬"也不可避免地渗入并影响着人们的休闲活动。在消费主义的浸染下,人们的休闲活动越来越多地建立在经济购买的基础上,许多休闲活动偏离了其自身内在的目的,消费或从事与消费相关的活动等实现休闲目标的外在手段却取而代之成为休闲的目的。这也就不难理解为什么有些人将休闲等同于外出吃饭、购物、旅游等一些消费活动,致使休闲越来越远离它原本自由、质朴、简单的特质,而更多地呈现出物质化、金钱化、庸俗化等异化特征。被消费主义"绑架"的物化休闲,是盲目化、模式化的"被动"休闲,被动的休闲只会让人疲于奔波在各种存"形"去"意"的休闲活动中,而不能让人们在休息、反省、沉思中体会自主休闲带给我们心灵的放松、精神的愉悦、心理的满足和内心的充实。因此,生态休闲是一种以自身为目的,有利于实现人身心平衡,促进人的全面发展,并不受社会、经济等外在因素强迫的自主休闲。

(二) 马克思休闲思想的生态维度

马克思理论中有生态休闲思想吗?要回答这个问题,首先要厘清马克思的理论体系中是否有休闲思想。在马克思博大精深的思想体系中是否包含休闲主张似乎一直颇有争议。的确,在资本主义工业化发展初期,生活资料匮乏,如何维护自身生存依然是人类面临的突出问题。休闲作为社会文化的重要组成部分,其实践与发展自然也离不开一定的社会物质基础。更为重要的是,马克思所处的时代正是资本主义国家完成了原始积累并大肆扩张生产进行产业革命的时代,工人阶级遭受了前所未有的残酷剥削。资本家为了获得尽可能多的剩余价值,极力延长工人的劳动时间,过长的劳动时间挤压了可供工人自己支配的

---

① 《马克思恩格斯文集》第 7 卷,人民出版社 2009 年版,第 929 页。

自由时间，甚至连维持正常生理活动的时间都被劳动时间所占有。在这样的现状下，连休闲活动赖以展开的自由时间都得不到保障，更何谈休闲？因此，专门、系统地对休闲进行研究并不是马克思和马克思那个时代的主要任务；同时，马克思所处的时代，休闲还只是少数人的特权，休闲并没有普遍走入人们的生活。因此，就不难理解，为什么在马克思的理论著作中没有针对休闲的直接论述。但是，没有正面直接的论述并不等于马克思没有关注休闲。无论是对剩余价值理论的阐释、异化劳动的批判，还是对未来人的自由全面发展的展望，都对"自由""自由时间"及其相关内容有所论述。自由是休闲的本体特征，自由时间是休闲的前提基础，其都与休闲有着内在的逻辑联系。在马克思的论著中，也无不透露出马克思对于自由的向往与追求，而马克思关于休闲的主张也正是蕴含在他的自由时间理论之中。此外，从劳动与休闲的逻辑关系来看，劳动与休闲是人类生存活动的两个方面，劳动与休闲的关系犹如一枚硬币的两面，虽有不同却又须臾不可分离。"劳动与休闲永远是相辅相成——人类需要以劳动创造休闲，劳作形式越高级，人就越有可能达到多方面发展自我的休闲境界。只享有休闲而没有劳动，只能是'神谕'的生命活动（事实上，神根本不存在），而只劳动没有休闲那是'非人'的生命存在。"① 也有一些学者试图在研究过程中将二者严格区分，但事实证明，这是十分困难的。美国经济学家加里·S. 贝克尔（Gary S. Becke）曾做过这种尝试，得出的结论是："不仅区分休闲与其他非工作活动存在困难，就是区分工作与非工作活动也不大容易。"② 休闲与劳动无论是在内容上还是在逻辑结构上都是密不可分的。马克思在其劳动理论框架内，虽然没有直接使用休闲的概念，但"他的休闲思想是在他批判资本主义异化劳动和雇佣劳动制度的理论建构过程中隐喻的，是其劳动理论的

---

① 于光远、马惠娣：《于光远马惠娣十年对话——关于休闲学研究的基本问题》，重庆大学出版社2008年版，第128页。
② ［美］加里·S. 贝克尔：《人类行为的经济分析》，王业宇等译，生活·读书·新知三联书店1995年版，第123页。

空白、空缺的部分,是劳动理论的断裂"①。而且,随着休闲学科的不断发展,马克思的休闲思想也得到越来越多学者的关注,国内外涌现出一批相关研究成果,对马克思的休闲思想进行了指认和解读。虽然学者们的研究方法、侧重点各不相同,但通过学者们对马克思文本著作中隐含的休闲思想的指认与解读,我们可以明确的一点是,在马克思的思想体系中含有丰富的休闲思想,且国内学者在对马克思著作文本研究过程中,对于字里行间所隐喻的休闲含义进行了深度的挖掘,在对休闲与自由时间,休闲与人的全面发展等问题的研究上形成了较为丰富的成果,对于一些基础性的问题也达成了一定的共识。

如前文所述,国内外学者对马克思的休闲思想虽都有所研究,并且也取得了一系列成果。但总体而言,相对于众多学者对马克思理论在其他领域的系统研究,马克思休闲思想的研究还处在起步阶段,相关的理论与实践问题都有待深入探讨和阐释。因此,进一步精细梳理马克思休闲思想,深入挖掘文本背后隐喻的休闲含义,对于完善马克思休闲思想研究,深化对马克思思想体系的认识具有十分重要的意义。

综合国内外学者的研究成果,马克思休闲思想大致可以概括为劳动与消费观、自由时间理论、人的全面发展理论等几个方面。通过对马克思休闲思想的深度梳理发现,马克思休闲思想所具有的积极价值指向,对于调节休闲主体自我身心关系,休闲主体与社会、休闲主体与自然的关系都具有正向的指导意义。因此,从广义的生态含义去理解,这种积极的价值指向恰恰反映了马克思休闲思想所具有的生态属性。所以,生态是理解马克思休闲思想的另一重要维度,也因此可以将马克思休闲思想中的休闲理解为生态语义下的休闲。

三、马克思休闲思想研究的生态范式转向

马克思作为当代休闲研究的早期开拓者,其休闲思想得到国内外相关学者

---

① 刘晨晔:《休闲:解读马克思思想的一项尝试》,中国社会科学出版社 2006 年版,第 236 页。

的广泛关注，并呈现出一系列研究成果。但总体而言，国内外关于马克思休闲思想的研究仍处于起步阶段，研究范式尚不够完善，在深化和拓展研究方面还有较大的空间。马克思休闲思想内涵丰富而深刻的生态意蕴：人类不适当、过度的劳动极大破坏了自然生态，而科学、适度的劳动是人与自然和解的必然要求；休闲在调节劳动节奏，缓解身心疲劳等方面发挥着不可或缺的重要作用，承载了修复人与自然关系的重要职责。从生态的维度探析马克思休闲思想并实现生态研究范式的转向，是深化和创新马克思休闲思想研究范式的重要致思路径，对于促进我国生态休闲发展，提升国民休闲生活质量，助推小康社会的全面建成都具有重要的理论和现实指导价值。

（一）马克思休闲思想研究生态范式转向之依据

近年来，伴随休闲时代的来临以及休闲学科的长足发展，马克思的休闲思想得到越来越多学者的关注，并形成了注重逻辑分析和阶级分析的基本研究范式。但是通过对马克思休闲思想的进一步耕读发现，无论是在"批判旧世界"过程中对工人休闲权利的关注，还是在"发现新世界"过程中对人的自由全面发展的展望，无不折射出物质与精神、身体与心灵、人与自然和谐共存的生态理念。生态维度是我们理解和解读马克思休闲思想的另一重要维度，而马克思休闲思想的生态内涵则是我们探究马克思休闲思想研究范式转向的最主要依据。

1. 马克思休闲思想研究的基本范式

由于对休闲进行专门、系统的研究并不是马克思所处时代的主要任务，因此我们在马克思的经典著作文本中没有看到对休闲问题的直接论述，但是没有直接的文字表述并不等于马克思没有关注休闲，其实在对"自由时间""自由自主的劳动""人的自由全面发展"等内容的阐述过程中都不可避免地涉及了休闲问题。可以说，休闲思想是马克思人的解放理论的重要组成部分，也是人的自由全面发展的题中应有之义。国内外学者对马克思休闲思想的研究主要是从自由时间理论、劳动休闲观、人的自由全面发展理论三个理论基点展开的。从这三个理论基点出发，指认并解读隐喻于其中的休闲思想是学者们开展研究所要面临和解决的首要问题。由此可以看到，关于马克思休闲思想的现有研究多以逻辑主义方法为基础，剖析马克思休闲思想的内在逻辑，追踪休闲思想发展的逻辑环节，进而形成了注重逻辑分析的体系研究范式。休闲可以从理论上被阐释和理解，但在社会生活中，休闲更多是以一种具体的实践活动呈现的。我们在关注理论体系构建的同时也必须从马克思休闲理论的本质出发，剖析当代休闲实践中呈现出的新样态，阐释和解答当下休闲生活实践领域出现的新问题、新情况。

与此同时，从马克思主义理论的批判性基本特征出发，挖掘和阐释马克思和恩格斯在"批判旧世界"中隐喻的休闲问题也是学者们研究的重点，从这一线索出发，逐渐形成了对休闲问题的"批判"解释倾向，甚至于形成了一种解读的"范式"。的确，在马克思所生活的时代，占人口大多数的以工人为代表的无产阶级遭受占人口少数的以资本家为代表的资产阶级的残酷剥削，工人们既没有充足的享受休闲的时间条件，也缺乏从事休闲活动的物质基础，而有钱有闲的资本家们却可以轻松地享有休闲。因此，对不公正的社会制度进行无情的批判，为无产阶级争取休闲的权利自然是马克思所要关注的首要问题。在《资本论》等著作中，马克思针对工人与资本家在社会生产生活过程中在时间分配上的对立矛盾问题进行了充分而深刻的分析。一方面，为了生存而挣扎着的广大社会底层劳动者与休闲无缘；另一方面，占人口少数的上层贵族的生活中充满了炫耀挥霍式的休闲。在某种程度上，休闲似乎成为社会差别的象征。对于无产阶级休闲权利问题，诚如马克思所一向反对的宿命论态度，他主张无产阶级的休闲权利只能通过自身的斗争来获取。为此，许多研究者，特别是西方的研究者往往将马克思的社会思想称为"社会冲突理论"，并以社会冲突理论为基础探讨和阐释马克思的休闲思想。

通过上述分析我们看到，无论是注重整体分析的逻辑分析范式，还是在阶级分析框架内展开论证的"批判"范式，都是在马克思休闲思想研究过程中不可缺少的具有开创性的探索，为我们理解和阐释马克思休闲思想提供了重要的模式和方法。但是现有的逻辑分析、阶级分析的研究范式的局限性在于，对当今中国现实休闲实践的关注还不够，对于人们在具体的休闲实践活动中遇到的现实问题不能及时、有力地做出回应。我们知道，马克思主义的生命力就在于它在实践中能够不断创新。马克思休闲思想的研究自然也不能仅仅止步于逻辑分析和框架解释。在注重整体理论体系研究的同时，还需联系当前社会实际，关注在休闲领域出现的时代性问题，准确把握、阐释和解答与人们休闲生活息息相关的时代性问题。如此，加强对现实问题的关照，马克思休闲思想的研究才能得到不断发展，理论内涵才能得以不断拓展和升华。

2. 马克思休闲思想研究的生态范式

那么，隐喻在马克思著作文本中的休闲思想能否在理论上对当下社会的休闲问题有所回应与指导？毕竟马克思所处时代的休闲问题与当今社会的休闲问题是有所不同的。但如果我们转换下研究的范式，从生态学的视角重新审视和梳理马克思的休闲思想，会惊喜地发现，在马克思的休闲思想中隐含着丰富的生态意蕴。虽然马克思所处时代的休闲实践问题与当今社会休闲实践存在的问题在形式上有所不同，但究其本质都是一种非生态性的异化休闲。从生态的维度审视马克思的休闲思想，我们发现了贯穿历史问题与现实问题的生态逻辑。

概括而言，马克思休闲思想的生态内涵主要体现在以下几个方面：

其一，在对劳闲关系的阐述中指陈了休闲的生态本质。虽然马克思是在劳动中考量了人与自然的关系，好像在人与自然关系的考察中没有正面论述休闲问题，但透视其内部的逻辑关系不难发现，正是过度的、不适当的异化劳动破坏与消解了生态环境与自然资源。劳动与休闲作为人活动的两个重要组成部分有着密不可分的关系。异化劳动必然催生异化休闲，而异化休闲会失去原本具有的修复人与自然关系的生态属性，间接成为恶化人与自然关系的"帮凶"。依据马克思的观点，科学、适度的劳动是缓解人与自然紧张关系的必然要求，而具有缓解疲劳、慰藉心灵、安抚精神功能的休闲正是适度劳动背后的隐含之意，休闲发挥着调节劳动强度与频度的作用，承担着缓解人与自然紧张关系的重任。

其二，在对具有生态学意义观点的表述中表达了善待自然的休闲观点。马克思所生活的时代，休闲并没有普遍走入人们的生活，对休闲进行系统的研究并不是那个时代的主要任务，更遑论研究休闲过程中的生态问题。但我们惊讶地发现，在马克思所提出的一系列具有生态学意义的观点中，隐含了尊重自然、善待自然的休闲思想。例如，马克思曾以东南亚的一个面包采伐者为例指出，"自然的恩惠直接给予他的，是许多闲暇时间。"① 虽然从上下文的论述来看，举这个例子的目的并不是论证休闲，但从中我们可以感知马克思对待人与自然关系的态度，以及洞察到马克思所表达的另一层含义，即良好的自然生存环境为人们提供了更多的可供休闲的时间。而在另一处，马克思在评价苏格兰的"鹿林"时引用的一份报告指出，"现在既不耕作，也不改良，只是供少数人在每年一个短时期内用于狩猎消遣"②，一针见血地抨击了贵族们为了满足狩猎这种所谓"高贵情欲"的休闲方式而强占耕地、毁坏森林的非生态行为。

其三，在对无产阶级休闲权益的关注中涉及了体现生态属性的休闲活动。马克思对无产阶级惨遭剥削的悲惨境遇极为关心与同情，也正是在对资本主义制度下异化劳动的批判过程中隐喻了无产阶级休闲权的问题。在资本主义制度中，工人看似是自由的，但不合理的制度安排让工人只能把"生命活动出卖给别人，以获得自己所必需的生活资料"③。大多数工人既没有休闲的时间条件，也没有休闲的物质基础，等同于被间接剥夺了休闲的权利。而对于一些工人而言，这种剥夺还体现在另一个方面，即在资本主义异化劳动条件下，休闲偏离了应有的生态本质。酗酒、纵欲成为一些工人主要或仅有的休闲，马克思将这些人称之为"堕落的无产者"④。这些"堕落的无产者"的恶习的养成固然有其自身的原因，但这也是在各种压迫与苛刻条件下的无奈选择。对此，恩格斯也

---

① 《马克思恩格斯文集》第5卷，人民出版社2009年版，第589页。
② 《马克思恩格斯文集》第5卷，人民出版社2009年版，第842页。
③ 《马克思恩格斯文集》第1卷，人民出版社2009年版，第715页。
④ 参见《马克思恩格斯文集》第1卷，人民出版社2009年版，第141页。

曾直言,"除酗酒外,许多英国工人的另一大恶习是纵欲。这个阶级既然处于无人过问的情况下,而又没有正当地利用这种自由所必需的手段,那么,这种恶习的产生就是无法改变的结果,是无可避免的必然。资产阶级只留给他们这两种享乐,同时却把大量沉重的劳动和苦痛加到他们身上。"① 由此我们看到,马克思对于休闲活动是有区分的,对于这种危害人们身心健康的不良休闲行为是持批评态度的。马克思在对资本主义制度下工人惨遭剥削的事实进行无情批判的同时,也表达了对工人们无力选择自己休闲活动的悲惨境遇的同情。这也间接为我们勾勒出马克思所认同的休闲样态,即积极的、利于人的发展的、呈现出生态属性的休闲。

马克思休闲思想研究的生态范式强调,休闲是一个由多层次和多要素相互联系制约所构成的复合系统,对于隐喻在马克思著作文本中的休闲思想的解读,主张超越人与自然二元对立的观念,运用生态学的思维理解和解读休闲问题,确认休闲的生态价值。马克思休闲思想研究范式的生态转向,并不是对原有研究范式的否定,而是从生态学的视角对现有范式进行符合时代精神的重构,是对马克思休闲思想研究范式的深化。

从上述分析中我们看到,现有的研究范式对于指认和理解马克思休闲思想起到了基础性的作用,但是其解释框架对于现实问题的解答还稍显薄弱,深化马克思休闲思想的研究,还需密切结合当前人们的休闲实践。休闲异化是当前休闲实践领域存在的突出问题,从生态视角深入挖掘马克思休闲思想的生态内涵,可以有效弥补现有研究范式未能充分回应现实问题的不足。此外,理论创新的过程也是范式不断演进的过程。可以说,马克思休闲思想研究的生态范式转向是深化马克思休闲思想理论和回应现实问题的双重需求。

(二)马克思休闲思想研究生态范式转向之意义

深入挖掘马克思休闲思想的生态意蕴,探究和确立马克思休闲思想的生态

---

① 《马克思恩格斯文集》第1卷,人民出版社2009年版,第442页。

研究范式，为我们理解和解读马克思休闲思想提供了新的维度，无论是在理论上还是在实践上，都具有极其重要的价值。

1. 马克思休闲思想研究生态范式转向的现实诉求

当今时代，随着社会生产力的快速发展，劳动者正在从繁重的劳动生产中解放出来，人们拥有更多的闲暇时间去从事休闲活动，休闲不再成为社会某些阶层的特权，普遍有闲的社会正在到来。然而，在人们的休闲实践领域也存在某些问题，一些休闲活动呈现出明显的"异化"特征，并集中体现在以下两个方面：

一是休闲追求的物质化与休闲选择的功利化现象较为突出。社会生产力的大幅提高，使人们普遍拥有更多的闲暇时间，具备更好的休闲物质基础。但吊诡的是，人们并未因此拥有更多的休闲时光，充分享受休闲带来的轻松愉悦。在物质利益的驱使下，休闲变得金钱化和功利化。无限放大的物质需求激发了人们的赚钱欲望，为此常常主动放弃休闲的机会。当休闲选择依附于经济，而非休闲主体的内在需要时，休闲就失去了基本的自由属性，变得被动和功利。外在物质力量驱动其主动放弃休闲，但内心又极度渴望休闲之矛盾状态的出现就在所难免。与此同时，当今时代面向公众的休闲资源与休闲方式前所未有的丰富，休闲选择成为困扰人们的一个问题。正如凯恩斯早在1930年发出的预言，"人类自从出现以来，第一次遇到了他真正的、永恒的问题——当从紧迫的经济束缚中解放出来以后，应该怎样来利用他的自由？科学和复利的力量将为他赢得闲暇，而他又该如何来消磨这段光阴，生活得更明智而惬意呢？"[①] 休闲发展的高度产业化，以及休闲活动的过度娱乐化包装都影响着人们对休闲价值的认识。对休闲价值的片面理解或错误认识加剧了人们的选择困惑，导致人们在面对纷繁的休闲选择时无所适从。不当的休闲选择不仅浪费时间，甚至有害身心。一些看似热闹但毫无营养的存"形"去"义"的休闲活动，并没有带给

---

① [英] J. M. 凯恩斯：《预言与劝说》，赵波等译，江苏人民出版社1998年版，第358—359页。

人们心灵的慰藉、精神的轻松和内心的充实，相反，却导致休闲时间的稀缺，陷入休而不闲的怪圈，如影随形的是愈发的疲惫与空虚。

二是休闲过程中人与自然关系的不和谐。正如马克思所指，自然界是"人的无机的身体"①。人是自然界的一部分，休闲活动的开展离不开自然界，回归和亲近自然是人们在休闲过程中遵从内心的自发选择。但步入却不关爱自然，亲近却不尊重自然，开发却不保护自然的行为在休闲领域屡屡发生。在市场经济环境中，受到物质主义、消费主义的巨大影响，一些休闲活动被严重物化，甚至必然与消费相联系，而不必再与精神和文化的价值发生直接联系。休闲过程中对自然资源的一味占有、索取与消耗，使得休闲活动越来越呈现出反生态的异化特征。而休闲产业的快速膨胀发展也在一定程度上加剧了这种人与自然关系的紧张。一些企业在经济利益的诱使下，不考虑长远生态发展，不经过科学的论证与规划，盲目开发旅游度假区，大肆伐林毁地，导致原有的生态系统被人为改变或破坏，从而留下大量生态隐患，严重破坏了人与自然之间的和谐关系。

探究休闲"异化"产生的原因主要有两个方面：一方面，对休闲的单质化理解阻碍了人们对休闲深层价值的探寻。休闲是个较为复杂的集合概念，对它的界定也是多维度的。但休闲常常被人们感观地认为就是劳动之余的休息、放松、消遣、娱乐，甚至更为片面地将休闲等同于休息或娱乐。休闲除了具有娱乐功能，还承担着构筑我们美丽精神家园的重任，这种单质化的认识显然窄化了休闲的内涵，不利于对休闲价值的多重挖掘，更不利于社会休闲文化的构建。虽然在一定意义上，休闲往往是一种较为个体化的选择，但正是众多个体化的休闲选择构筑了社会的休闲文化，反过来社会的休闲文化又会深深地影响个体的休闲活动。从当今文化发展的总体趋势来看，生态文化是人类文化经历了自然文化、人文文化、科学文化三个阶段后的新的发展阶段。休闲文化作为社会

---

① 《马克思恩格斯文集》第1卷，人民出版社2009年版，第161页。

文化不可分割的一个组成部分也必然朝着生态的方向发展,构建健康、积极、文明的生态休闲文化是迫切的时代任务。另一方面,消费主义、享乐主义在休闲文化领域的占位是导致休闲价值观念歪曲的重要原因。消费主义、享乐主义等社会思潮对大众休闲的影响较为明显,尤其是在大众媒体的推波助澜下,正在一步步染指,甚至"挟持"着大众的休闲选择。休闲活动的商业化和模式化使休闲更接近于一种经济行为,严重弱化了休闲主体的选择自主性。休闲者一旦失去了自我的价值判断,其结果只能是湮没在充满刺激和娱乐的、无休止的、漫无目的的休闲活动中不能自拔,进而脱离了休闲原本自由、质朴、简单的特质,也自然屏蔽了其充实精神、抚慰心灵的功能。更为糟糕的是,如果做出错误或不良的休闲选择,会直接危害休闲者的身心健康。

由上观之,构建积极健康的休闲文化,树立正确的休闲价值观,创造良好的自然生态环境是我国休闲发展的现实需要。从生态维度审视马克思的休闲思想发现,马克思对资本家破坏自然环境的"奢侈"休闲行为的抨击,对一些工人不良休闲嗜好的批评,对不同层次休闲活动的区分等体现生态属性的休闲观点,对于当今社会的休闲发展具有重要的借鉴价值。马克思休闲思想中蕴含的生态理念,对我国休闲文化的健康发展,以及休闲价值观的正确引导,都是不可多得的宝贵思想资源。从这个意义上来说,加强马克思休闲思想的研究,实现马克思休闲思想研究的生态范式转向,是必要和迫切的时代课题。

2. 马克思休闲思想研究生态范式转向的理论价值

第一,马克思休闲思想研究的生态范式转向有利于彰显马克思休闲思想的时代价值。诚如上文所述,马克思休闲思想研究的重要价值之一,就在于对时代问题的科学解答与及时回应。随着生态危机在全世界范围内的蔓延,生态问题在我国现代化建设过程中的凸显,加强生态文明建设成为当代中国一项重大而紧迫的任务。生态文明建设为休闲的生态发展提供了重要的制度环境和保障,而生态文明的建设也离不开休闲，"没有休闲的生态文明建设，是盲目的建设"①，发展生态休闲，构建健康、积极、文明的生态休闲文化是生态文明建设的题中应有之义和必然要求。在大力建设生态文明的时代背景下，生态科学的快速发展极大拓宽了休闲研究的视域，也为马克思休闲思想研究提供了崭新的视角。从生态的维度重新解读马克思的休闲思想，深度挖掘马克思休闲思想蕴含的生态内涵，实现马克思休闲思想研究范式的生态转向，正是面临生态文明建设的时代背景，面对休闲发展的时代要求，面向休闲实践的具体问题所做出的积极回应。

第二，马克思休闲思想研究的生态范式转向有助于完善和发展马克思休闲思想的研究范式。由于马克思主义在我国的"显学"地位，国内众多学者从不同维度对马克思的思想做出了各种不同的解读，但因马克思生平并没有直接对休闲问题进行过研究，只是使用或阐述过"自由时间""自主自由劳动""人的自由全面发展"等与休闲密切关联的概念，所以其休闲思想最初并未得到应有的关注。随着民众休闲时间的增多，休闲需求的增加，越来越多的学者开始关注休闲问题，而马克思的休闲思想也逐渐进入研究者的视线。围绕马克思的休闲思想，学者们进行了许多有益的开创性探索，实现了由马克思思想中的时间范畴、劳动范畴向休闲范畴的逻辑转换，揭示了马克思人的解放和人的自由而全面发展理论的休闲思想基础。但总体而言，因研究起步较晚，马克思休闲思想的研究整体仍处在起步阶段。时间维度、活动维度、生存状态维度是现有研究理解和阐释马克思休闲思想的主要维度。但正如前文所述，现有的理论阐释框架对现实问题的关照略显薄弱，而从生态的维度对马克思休闲思想进行探究可有力弥补现有研究的不足，有利于完善和发展马克思休闲思想的研究范式。

第三，马克思休闲思想研究的生态范式转向有助于当代生态休闲文化的建设。随着社会经济的快速发展，居民的休闲需求日益高涨，休闲活动逐步多样，

---

① 庞学铨主编：《休闲评论》第6辑，浙江大学出版社2014年版，第1页。

积极、健康、高质态的生态休闲正逐渐成为人们自觉的选择，生态休闲文化正以一种新型的文化样态进入中国广阔的生产与生活领域。党的十八大将生态文明建设置于基本国策的突出地位，党的十八届三中全会继续深化了生态文明的体制、制度建设。国家层面上对生态文明建设所做的顶层设计为生态休闲文化发展直接提供了政策支持与制度保障。积极探索和挖掘马克思休闲思想的生态内涵，不仅是对生态文明建设需要的积极回应，更是对建设社会主义生态休闲文化现实需求的满足。马克思休闲思想所遵循的善待和尊重自然的价值准则，所反映的积极、健康、文明的价值导向都体现了休闲的生态本质，马克思休闲思想的生态内涵为当代生态休闲文化建设提供了有力的理论支撑。

（三）马克思休闲思想研究生态范式转向之理路

确立马克思休闲思想研究的生态范式，有必要对范式的相关问题予以探讨。范式的概念是美国著名科学哲学家托马斯·库恩（Thomas S. Kuhn）提出的，并在1962年所著的《科学革命的结构》（*The Structure of Scientific Revolutions*）中进行了系统阐述。库恩认为，一方面，范式"代表着一个特定共同体的成员所共有的信念、价值、技术等等构成的整体。另一方面，它指谓着那个整体的一种元素，即具体的谜底解答；把它们当作模型和范例，可以取代明确的规则以作为常规科学中其他谜题解答的基础"①。据此，从学科建构的角度可以理解，范式是代表着某一学科的研究者群体的价值理念，为研究者提供一个研究纲领、范例、模型的理论体系。研究范式的确立是一门学科达到成熟的标志。目前马克思休闲思想的研究还处在起步阶段，基本的研究范式虽初见雏形，但尚不够完备，仍需不断探索与积累。

马克思休闲思想研究的生态范式转向是对现有研究范式的充实和发展，按照上述对范式的释义，实现马克思休闲思想研究范式的生态转向至少有以下几

---

① ［美］托马斯·库恩：《科学革命的结构》，金吾伦、胡新和译，北京大学出版社2003年版，第175页。

个方面需要注意：

其一，坚持研究过程中学理与实践的有机结合。由于马克思没有正面直接论述休闲问题，休闲是其文本著作中的隐喻之意，因此马克思休闲思想的研究有其特殊的一面，对马克思休闲思想的文本指认与解读是开展马克思休闲思想研究的首要前提。耕读马克思的著作文本，深入发掘隐喻于文本中的休闲含义，剖析马克思休闲思想内在逻辑的理论研究对于我们从整体上理解和把握马克思休闲思想具有重要的意义。然而，就马克思主义的本质特征与休闲和现实生活的密切互动性关系而言，同样不能忽略马克思休闲思想对现实休闲实践指导价值的研究。要考察新的时代环境赋予马克思休闲思想的新内涵，积极回应与解答当下休闲实践中遇到的新问题，如此才能彰显马克思休闲思想的时代价值。正如上文所述，马克思休闲思想研究生态范式的转向，是对现有研究范式的丰富和深化，而非排斥和否定。生态范式的转向既需要对现实问题的敏锐洞察，更离不开既有研究所积累的丰富理论资源的支撑。"学理性"和"实践性"犹如一体两面，虽有明显区别，却又密切相连，只有两者的有机结合才有利于实现休闲思想研究范式的生态转向，促进马克思休闲思想研究的不断发展。

其二，强化研究过程中对生态价值的审视与观照。毋庸置疑，在众多学者的努力下，马克思休闲思想的研究取得了较为丰硕的成果。对于马克思在"批判旧世界"和"发现新世界"的理论建构中隐喻的休闲问题，学者们进行了多方面的指认和详尽的解读，这些研究成果对于我们理解和把握马克思休闲思想具有重要的基础性作用。而要实现研究范式的生态转向，虽离不开对现有研究范式的借鉴吸收，但更为核心的在于要实现研究过程中价值理念的生态转变。从生态综合的思维视角来审视，休闲是一个呈现多层次、由多种要素所构成的系统。休闲系统的平衡运转有赖于多种构成要素间的协调互动。生态的休闲是构成休闲各要素间协调共生的休闲，而非要素间彼此排斥对抗的休闲。按照马克思对人与自然关系的分析，休闲主体与自然资源之间存在的紧张对抗的休闲是一种非生态的休闲。人的自由全面发展理论是另一指认马克思休闲思想的重要依据，从生态价值观的角度对其进行审视会发现新的理论内涵。在人的自由全面发展状态下，"直接的劳动时间本身不可能像从资产阶级经济学的观点出发所看到的那样永远同自由时间处于抽象对立中"①，他可以是一个"猎人""渔夫""牧人"或"批判者"，即劳动与休闲消除了彼此的对立，在自由的切换中实现了和谐。这也是一种终极意义上的、实现了休闲要素间和谐共存的、凸显生态属性的休闲。由此观之，强化研究过程中的生态价值观照，确立休闲研究的生态价值尺度，是深化马克思休闲思想研究并实现其生态转向的重要路径。

其三，促进研究过程中视界的多维度融合。休闲是一个交叉性、综合性很强的研究领域，休闲活动同许多其他社会活动一样，具有多层次性和多样性，与社会经济、政治、文化发展关系紧密，需要多要素的参与和支持。这也决定了马克思休闲思想研究的宽广理论视域，既与哲学、休闲学有关，也与历史学、社会学、文化学、生态学等众多学科有关，是一个涉及多领域、多学科的问题。马克思休闲思想的研究需要从多视角、多维度、多层面协同开展。而从生态的维度考察马克思的休闲思想，更是涉及休闲的生态价值、休闲的生态实践等更为复杂的问题。马克思休闲思想研究生态范式转向的目的，是深化和完善马克思休闲思想的研究范式，为人们在休闲实践领域过程中遇到的现实问题提供思想资源与理论指导。生态维度的阐释并不是排斥，甚至颠覆其他维度的解读，生态维度的阐释是建立在已有解读维度基础上的，是对已有解读维度的丰富和拓展，任何对马克思休闲思想单向度的解读，只会窄化我们对马克思休闲思想的逻辑基础和内涵本质的理解。因此，要实现马克思休闲思想研究范式的生态转向，需要加强马克思休闲思想的跨学科研究，借鉴各学科的既有研究成果，发挥各学科的研究特长和优势，在视角的交叉、观念的碰撞与融合中拓宽认识和理解马克思休闲思想的视域，在更深层次上把握马克思休闲思想的内在本质和规律。

---

① 《马克思恩格斯文集》第8卷，人民出版社2009年版，第203页。

综上所述，马克思休闲思想研究的生态范式转向，在大力建设生态文明的时代背景下，不仅是促进我国休闲发展的必然要求，也是在步入普遍有闲的社会进程中，满足人民群众对环保、健康、文明的生态休闲方式的需要。马克思休闲思想生态内涵的挖掘，为马克思休闲思想的研究开拓了新的视野，也使其在指导当下休闲实践过程中散发出崭新的时代光辉。

第三章 马克思休闲思想中的生态逻辑[①]

　　劳动与休闲是人的生命活动的两个重要组成部分。劳动与休闲的关系犹如一枚硬币的两面，虽有不同但又密不可分。特别是在当代社会，劳动与休闲有着巨大的交集空间，很多时候难以严格划分彼此的界限。因此，劳动作为马克思所开创的历史唯物主义研究路径的出发点，是我们考察马克思休闲思想所无法回避的问题。而劳动异化理论更是我们探究马克思生态休闲思想的重要切入点。在资本独占统治的资本主义条件下，劳动实践的异化对自然环境的破坏以及对人的生活方式的左右则催生了异化的休闲。生态休闲是对异化休闲的扬弃。马克思在对异化劳动批判过程中隐喻的休闲思想具有丰富的生态意蕴，生态是贯穿马克思休闲思想的一条隐形主线。

---

　　① 由于马克思在其著作中并没有直接使用休闲这个词，对休闲问题也没有进行过专门的研究，因此学界起初对于马克思理论中是否包含休闲思想存在一定争论。但是，随着国内外相关研究成果的涌现，基本认可休闲是马克思思想体系不可或缺的内在逻辑基点。马克思在"批判旧世界"和"发现新视界"的理论建构中隐喻了休闲思想，休闲在其理论体系中处于隐喻状态。笔者通过梳理发现，马克思理论体系中隐喻的休闲具有生态的特质，特别是马克思在批判资本主义异化劳动的理论建构中隐喻的休闲思想涉及了大量生态问题，含有丰富的生态意蕴，较具有典型性。因此，本章主要是从马克思早期的异化劳动理论为切入点探讨马克思休闲思想的生态内涵与生态逻辑，当然，马克思对未来理想社会预测性见解中隐喻的休闲思想也含有丰富的生态意蕴，这部分内容将在下一章节中有所体现。此外，对马克思休闲思想应作狭义和广义两种理解。从狭义角度看，马克思休闲思想的主体是马克思本人，是马克思一个人的思想。从广义角度理解，马克思休闲思想还包括恩格斯的休闲思想，因为马克思与恩格斯合作完成了大量著作，他们的很多思想已经形成一个水乳交融的有机整体。本书对马克思休闲思想作广义理解。

一、异化劳动与生态问题揭批

马克思、恩格斯在《共产党宣言》中指出：

资产阶级在它的不到一百年的阶级统治中所创造的生产力，比过去一切世代创造的全部生产力还要多，还要大。自然力的征服，机器的采用，化学在工业和农业中的应用，轮船的行驶，铁路的通行，电报的使用，整个整个大陆的开垦，河川的通航，仿佛用法术从地下呼唤出来的大量人口——过去哪一个世纪料想到在社会劳动里蕴藏有这样的生产力呢？[1]

的确，相对于封建的所有制关系，资产阶级的所有制关系是历史的一大进步，在促进生产力的发展方面取得了前所未有的惊人成就。但是，在肯定其促进生产力飞速发展所发挥的积极作用的同时，也必须看到，资产阶级的生产关系和交换关系存在着其自身的局限性。这种无法弥补的自身局限性使得社会问题层出，社会矛盾加剧。"资产阶级的所有制关系，这个曾经仿佛用法术创造了如此庞大的生产资料和交换手段的现代资产阶级社会，现在像一个魔法师一样不能再支配自己用法术呼唤出来的魔鬼了。"[2] 究其本质，资本主义工业化生产方式是臣服于资本统治的生产方式，在这样的生产方式下，劳动实践的形态也发生了异化。异化劳动导致"人的类本质，无论是自然界，还是人的精神的类能力，都变成了对人来说是异己的本质，变成了维持他的个人生存的手段。异化劳动使人自己的身体同人相异化，同样也使在人之外的自然界同人相异化，使他的精神本质、他的人的本质同人相异化。"[3] 异化劳动是对劳动者与自然的

---

[1] 《马克思恩格斯文集》第 2 卷，人民出版社 2009 年版，第 36 页。
[2] 《马克思恩格斯文集》第 2 卷，人民出版社 2009 年版，第 37 页。
[3] 《马克思恩格斯文集》第 1 卷，人民出版社 2009 年版，第 163 页。

双重掠夺。一方面，异化劳动引发一系列社会生态问题。异化劳动条件下劳动者的社会性存在成为一种非人的存在，"对于通过劳动而占有自然界的工人来说，占有表现为异化，自主活动表现为替他人活动和表现为他人的活动，生命的活跃表现为生命的牺牲，对象的生产表现为对象的丧失，即对象转归异己力量、异己的人所有。"① 另一方面，异化劳动对自然生态造成了严重破坏，异化劳动是资本超越扩展反生态性的集中体现，异化劳动条件下自然界成为占有和掠夺的对象，异化劳动所造成的自然异化不可避免地带来严重的自然生态危机。

（一）异化劳动引发的社会生态问题

资本家逐利的本性驱使他们对工人进行无情的压榨，工人辛苦劳作所创造的剩余价值被资本家无偿占有，过长、过强的劳动蚕食着工人的身体健康，留给工人的只有贫穷。而恶劣的劳动、生活环境更是凸显了资本家对工人剥削的残酷。资本家对工人生存空间的无度压榨破坏了工人阶层生存的社会生态。从社会生态系统的整体来看，只有保障下层社会的必要生存空间才能缓解社会矛盾和冲突，才能维护社会的基本稳定。而资本的贪婪也使资本主义制度下凸显的社会生态问题成为不能根本解决的问题。马克思、恩格斯对于工人饱受资本家剥削的悲惨境遇深表同情并尤为关注工人现实的生存状况，通过大量的调查研究揭示了工人恶劣的工作、生活、家庭环境，这些调查研究也从更深层次反映了异化劳动对社会生态的破坏。

其一，缺少劳动保护的恶劣工作环境危害着工人的生命健康。资本主义条件下的生产遵循的是资本的逻辑，资本无限度地追求自行的增值加剧了资本家对工人的盘剥。资本家在最大限度地延长工人劳动时间、加强劳动强度的同时，还要想方设法节约不变资本来提高生产利润。劳动者被动物般地对待，在资本家眼中他们仅仅是赚取利润的劳动工具。在《资本论》中，马克思是这样描述工厂工人的劳动条件：

---

① 《马克思恩格斯文集》第1卷，人民出版社2009年版，第168页。

人为的高温，充满原料碎屑的空气，震耳欲聋的喧嚣等等，都同样地损害人的一切感官，更不用说在密集的机器中间所冒的生命危险了。这些机器像四季更迭那样规则地发布自己的工业伤亡公报。社会生产资料的节约只是在工厂制度的温和适宜的气候下才成熟起来的，这种节约在资本手中却同时变成了对工人在劳动时的生活条件系统的掠夺，也就是对空间、空气、阳光以及对保护工人在生产过程中人身安全和健康的设备系统的掠夺，至于工人的福利设施就根本谈不上了。①

恶劣的工作环境侵蚀着工人的身体健康，而缺少相应安全保护的工作现场也成为工伤事故频发的地方。马克思所引用的1866年10月31日的《工厂视察员报告》以纺织厂为例对这种情形进行了描述："稍一怠慢或疏忽，手指就会被轧断……很多事故都是因为工人急于干完自己的活造成的……对工厂主来说，最重要的是使他的机器不停地运转……关心产品数量的监工督促工人使机器转动……虽然大多数工厂形式上禁止在机器转动时擦洗机器，但这种做法仍普遍存在。单是这个原因，最近6个月就造成了906起事故"。② 尽管损失手指对工人来说是关乎生活和前途的很严重的事情，但在工厂主看来不过是一件小事情，和赚取产品利润相比，工人的健康与生命都是不值一提的。工人们的工作环境极其恶劣，舒适对于他们来说是完全不可以想的奢求。拥挤在密不透风的狭窄厂房里，直接面对的是没有安装安全设备的危险的机器，即使像采矿这样高度危险的生产，也没有基本的防护措施。对于资本家来说，他们注重的只是生产的利润，连工人的生命安全都不关心，更何谈去关注生产过程中工人的健康呢？对此，马克思在《资本论》中的另一处指出：

---

① 《马克思恩格斯文集》第5卷，人民出版社2009年版，第490—491页。
② 《马克思恩格斯文集》第5卷，人民出版社2009年版，第490—491页。

资本主义生产方式按照它的矛盾的、对立的性质,还把浪费工人的生命和健康,压低工人的生存条件本身,看做不变资本使用上的节约,从而看做提高利润率的手段。

因为工人一生的大部分时间是在生产过程中度过的,所以,生产过程的条件大部分也就是工人的能动生活过程的条件,是工人的生活条件,这些生活条件中的节约,是提高利润率的一种方法;正如我们在前面已经看到的,过度劳动,把工人变成一种役畜,是加速资本自行增值,加速剩余价值生产的一种方法。这种节约的范围包括:使工人挤在一个狭窄的有害健康的场所,用资本家的话来说,这叫做节约建筑物;把危险的机器塞进同一场所而不安装安全设备;对于那些按其性质来说有害健康的生产过程,或对于像采矿业中那样有危险的生产过程,不采取任何预防措施,等等。更不用说缺乏一切对工人来说能使生产过程合乎人性、舒适或至少可以忍受的设备了。从资本主义的观点来看,这会是一种完全没有目的和没有意义的浪费。总之,资本主义生产尽管非常吝啬,但对人身材料却非常浪费。①

在《英国工人阶级状况》中,恩格斯则更为详尽地介绍了当时英国几个主要工业部门工人的工作环境。工作时间超长、时间没有规律、常常做夜工,这些对工人健康的损害是不言而喻的,而没有劳动保护的恶劣工作环境对工人健康的影响是致命的。在纺织部门:针织工人"通常都利用玻璃球来聚光,这对眼睛的害处很大"②,这些工人的视力普遍不好,很早就得戴上眼镜,而从事这种生产的儿童,更是由于长时间在这种狭小而令人窒息的屋子里持续工作,直接影响到健康和生长发育;生产花边的工人也面临着同样的工作环境,通常要在狭小的空间内持续工作十几个小时,"这样,在最好的情况下他们的眼睛也会

---

① 《马克思恩格斯文集》第 7 卷,人民出版社 2009 年版,第 101 页。
② 《马克思恩格斯全集》第 2 卷,人民出版社 1957 年版,第 475 页。

变得非常近视，而在最坏的情况下（这是很常见的）就会因黑内障而永远失明"①；漂白工人的健康更令人堪忧，由于没有最基本的健康防护设备，"他们不得不经常把氯气这种对肺部极有害的物质吸进去"②，这极大损害着工人的身体健康。在金属制品部门：许多工人由于长时间、高强度地重复单一的工作而导致身体发生畸形，譬如"因经常在制造螺丝的车床上工作而成了驼背，并别弯了一条腿——即所谓'后弯腿'（hind-leg），这样，两条腿就呈 K 字形；此外，这里至少有三分之一的工人都患疝气"③；"在某些操作过程中，工人必须经常用胸部顶住工具，这就常常引起肺结核。另一些操作过程，例如制锉子，则阻碍整个身体的发育并引起肠胃病。切削骨头（作刀柄用）的工作引起头痛、黄疸病"④；磨刀叉的工人寿命很短，在磨制刀叉的过程中，大量微细的金属飞屑弥散到空气中，"从而不可避免地要吸到肺里去。干磨工平均很难活到三十五岁，湿磨工也很少能活到四十五岁"⑤。在陶瓷生产部门，工人要经常赤手接触对人体有害的含有大量铅、砷的液体，长时间无防护地工作导致他们的皮肤松弛，在碰触到粗糙物体时就极易受伤出血，进而很容易让有害物质侵入体内。"结果引起剧烈的腹痛和严重的肠胃病、经常的便秘、疝气痛，有时还会引起肺结核，而在小孩子身上更常常引起羊痫疯。"⑥

其二，恶劣的生活条件让工人过着毫无尊严与质量的生活。在恶劣的环境中超长时间、高强度的劳动除了摧残工人的身体健康之外，并没有给他们带来额外的财富增加，在这种工人与自己的劳动产品相异化的劳动中，"工人生产的财富越多，他的生产的影响和规模越大，他就越贫穷。工人创造的商品越多，他就越变成廉价的商品。物的世界的增值同人的世界的贬值成正比。"⑦ "劳动

---

① 《马克思恩格斯全集》第 2 卷，人民出版社 1957 年版，第 479 页。
② 《马克思恩格斯全集》第 2 卷，人民出版社 1957 年版，第 482 页。
③ 《马克思恩格斯全集》第 2 卷，人民出版社 1957 年版，第 488 页。
④ 《马克思恩格斯全集》第 2 卷，人民出版社 1957 年版，第 490 页。
⑤ 《马克思恩格斯全集》第 2 卷，人民出版社 1957 年版，第 490 页。
⑥ 《马克思恩格斯全集》第 2 卷，人民出版社 1957 年版，第 493 页。
⑦ 《马克思恩格斯文集》第 1 卷，人民出版社 2009 年版，第 156 页。

为富人生产了奇迹般的东西,但是为工人生产了赤贫。劳动生产了宫殿,但是给工人生产了棚舍。"① 工人们承担的是最高的劳动强度,过的却是最凄惨的生活。首先,工人们吃的都很差。工人们的收入微薄,能够购买的食物都是质量很差的次货。"土豆多半都是质量很差的,蔬菜也不新鲜,干酪是质量很坏的陈货,猪板油是发臭的,肉又瘦,又陈,又硬,都是老畜的肉,甚至常常是病畜或死畜的肉,往往已经半腐烂了。做工人的生意的多半是些小商贩。他们收买次货,而且正因为是次货,所以才能够卖得这样便宜。"② 吃的不好还要承担异常繁重的劳动,工人的健康状况就可想而知。而工人子女的健康情况就更令人堪忧,因为没有合适的给孩子吃的食物,"孩子们就患上了贻害终身的多种消化器官疾病"③,由于身体发育营养不良所引发的"佝偻病"也较为普遍。相比较而言,与失业的无钱购买食物的工人相比,能够吃上这种无营养劣质的食物已经足够幸运了,"几乎每一个工人在一生中都至少要过一段吃不饱饭的生活,这使得虽然质量差但数量毕竟还够的食物所已经引起的后果更加严重"。④ 其次,工人们普遍穿得都不好。亚麻布和毛织品在工人们的衣橱中几乎是不可能看到的。工人们大多穿的是由粗布制成的衣服,也因此"粗布(fustian)甚至成了工人服装这个名词的同义语,工人被叫做粗布夹克(fustian-jackets),而工人也这样称呼自己,借以和那些穿呢子(broad-cloth)的老爷们相区别,而呢子也就成了资产者的标志。"⑤ 还有"很多很多工人,特别是爱尔兰人,他们的衣服简直就是一些破布,上面往往连再打一个补丁的地方都没有了,不然就是补丁连补丁,连原来的颜色都认不出来了。"⑥ 对工人而言,衣服只是发挥了其最基本的遮体和保暖的功能,至于颜色、款式等对美的需求就完全无从谈及了。再次,

---

① 《马克思恩格斯文集》第1卷,人民出版社2009年版,第158页。
② 《马克思恩格斯全集》第2卷,人民出版社1957年版,第351页。
③ 《马克思恩格斯文集》第1卷,人民出版社2009年版,第414页。
④ 《马克思恩格斯文集》第1卷,人民出版社2009年版,第415页。
⑤ 《马克思恩格斯全集》第2卷,人民出版社1957年版,第349页。
⑥ 《马克思恩格斯全集》第2卷,人民出版社1957年版,第350页。

工人的居住条件大多非常糟糕。"工人住宅到处都规划得不好，建筑得不好，保养得不好，通风也不好，潮湿而对健康有害。住户住得拥挤不堪，在大多数场合下是一间屋子至少住一整家人。至于屋子里有多少家具，那就随贫穷的程度不同而有所不同，最穷的连最必需的家具都没有。"① 在城市的穷人区，"房屋的肮脏和不适于居住，以及街道的凌乱荒芜都不是笔墨所能形容的"②。相对于有固定居所的工人，无家可归者的居住条件则更加恶劣。

> 伦敦有5万人每天早晨醒来不知道下一夜将在什么地方度过。他们当中最幸运的，能把一两个便士保存到天黑，就到一个一切大城市里面都很多的所谓夜店（lodging‑house）里面去，用这点钱在那里找到一个栖身之所。但是，这是一个什么样的栖身之所呵！房子从地下室到阁楼都摆满了床；每一间屋子有4张、5张、6张床——能容纳多少就摆多少。每一张床上睡4个、5个、6个人，也是能容纳多少就睡多少——生病的和健康的，年老的和年轻的，男的和女的，喝醉的和清醒的，所有这些人都乱七八糟地躺在一起。然后就开始了各种各样的争论、吵闹、打架，而如果同床铺的人彼此很和睦，那末事情就更糟；他们商量好共同去盗窃或者去干那种不能用我们人类的语言来形容的兽行。而那些没钱住这种夜店的人又怎样呢？哪里可以睡，他们就睡在哪里——在过道里，在拱门下，或者在警察或房主不会去打搅他们的任何角落里。③

资本主义的现代工业一方面生产出满足需要的精致化的资料，"却在另一方面造成需要的牲畜般的野蛮化和彻底的、粗陋的、抽象的简单化"④，资本的运

---

① 《马克思恩格斯全集》第2卷，人民出版社1957年版，第357页。
② 《马克思恩格斯全集》第2卷，人民出版社1957年版，第314页。
③ 《马克思恩格斯全集》第2卷，人民出版社1957年版，第311页。
④ 《马克思恩格斯文集》第1卷，人民出版社2009年版，第225页。

作压制和限制着工人的需求，动物般的需求成为工人生活的全部需求。

其三，繁重的工厂工作严重破坏着工人的家庭和谐。机器的日益革新发展在促进了工业繁荣的同时也给工人带来了失业和贫穷。在纺织等行业，成年男工的工作逐渐被挤掉。机器上的工作不需要太多的力气，接线头等工作更依赖于灵巧的手指，女人和小孩子在这方面不但更有优势且需支付的工资更低。女人大量涌入工厂并长时间工作，改变了、甚至破坏了原有的家庭关系。一方面，女人在工厂工作、男人失业的状况使原有的家庭格局发生了变化，传统的男女之间的家庭分工发生了颠倒。"妻子挣钱养活全家，丈夫却坐在家里看孩子，打扫屋子，做饭。这种情形是很多很多的；仅仅在曼彻斯特一地就可以数出几百个这种不得不专搞家务的男人。"① 在这里我们要看到，恩格斯并不是认为女人在外务工，男人在家照看孩子做家务是不光彩的事情，而是向我们揭露了这样一个事实，即这种改变是面对现实的一种无奈之举。男人想找工作承担起养家的责任，但是却无论如何找不到；女人想减轻如此辛苦的劳作，但养家糊口的重任在身又被逼无奈。就像休闲一样，面对长期繁重的工作，人们普遍希望增加休闲的时间，但人们却也不会为了享有更多的休闲时间而放弃工作。失业下岗等情况下的"被休闲"是人们不愿，也不能接受的。而且，更具讽刺意味的是，以前男人一个人工作可以养活全家，但是现在女人一个人工作的工资却低得多，完全不能很好地支撑一个家庭。对此，恩格斯愤慨地指出："这种使男人不成其为男人、女人不成其为女人、而又既不能使男人真正成为女人、也不能使女人真正成为男人的情况，这种最可耻地侮辱两性和两性都具有的人类尊严的情况，正是我们所赞美的文明的最终结果，正是几百代人为了改善自己和自己子孙的状况而做的一切努力的最终结果！"② 另一方面，繁重的工厂工作让女人无力承担相应的家庭责任。长期在工厂工作的女工没有时间从事家务，因此她们中的大多数根本就不熟悉家务。"她们不会缝纫，也不会纺织，不会做饭，

---

① 《马克思恩格斯全集》第 2 卷，人民出版社 1957 年版，第 431 页。
② 《马克思恩格斯全集》第 2 卷，人民出版社 1957 年版，第 432 页。

也不会洗衣,她们连最普通的家务都不熟悉;至于怎样照顾孩子,她们更是一无所知。"① 照顾和教育自己年幼的子女也是一个母亲应尽的家庭职责,但是"由于母亲外出就业,以及由此引起的对子女的照顾不周和虐待,例如饮食不适、缺乏营养、喂鸦片剂等等",导致工人子女出生后死亡率居高不下。"另外,母亲还违反天性地虐待自己的子女,从而发生故意饿死和毒死的事件。"②"女人在工厂里做工不可避免地要把家庭整个地拆散,在目前这种以家庭为基础的社会状况下,这种情形无论对夫妇或者对小孩子都会产生最严重的败坏道德的后果。"③ 沉重的劳动使工厂里的女人既没有足够精力去维护夫妻之间的关系,扮演好妻子的角色,也没有充足的时间去照顾自己的孩子,做一名称职的好母亲。母亲缺少对孩子的呵护、关心、关爱,孩子对母亲也很冷漠。"在这种条件下长大的孩子,以后对家庭是没有丝毫眷恋的,他们在自己创立起来的家庭里也永远不会感到一点家庭味。"④ 总之,逐利导向的不合理的劳动结构使男人失去工作,使女人不成为女人。原有家庭关系的和谐被无情地破坏,家庭成员之间关系冷漠,家庭应有的基本功能在无奈的现实面前也几乎丧失殆尽。

(二) 异化劳动引发的自然生态危机

在《乌培河谷来信》《1844年经济学哲学手稿》《英国工人阶级状况》《资本论》《自然辩证法》等著述和书信中,马克思和恩格斯对资本主义异化劳动对自然生态造成的破坏进行了揭示和批判。他们对土地资源耗损、森林植被破坏、水体污染、空气污染等一系列现实的生态问题进行了讨论。

农民世世代代依靠土地生存和繁衍,土地是农民赖以生存的最基本的生产资料,是农业生产的财富源泉。但是资本主义的异化生产方式不但剥夺了农民的土地,而且对土地资源的滥用破坏着土地原有的自然生态。正如马克思所指

---

① 《马克思恩格斯全集》第2卷,人民出版社1957年版,第433页。
② 《马克思恩格斯文集》第5卷,人民出版社2009年版,第458页。
③ 《马克思恩格斯全集》第2卷,人民出版社1957年版,第430页。
④ 《马克思恩格斯全集》第2卷,人民出版社1957年版,第430页。

出的：

> 资本主义生产方式同时为一种新的更高级的综合，即农业和工业在它们对立发展的形态的基础上的联合，创造了物质前提。资本主义生产使它汇集在各大中心的城市人口越来越占优势，这样一来，它一方面聚集着社会的历史动力，另一方面又破坏着人和土地之间的物质变换，也就是使人以衣食形式消费掉的土地的组成部分不能回归土地，从而破坏土地持久肥力的永恒的自然条件。①

土地自然力的浪费和滥用使人和土地之间在"物质变换的联系中造成一个无法弥补的裂缝"②。恩格斯在致弗里德里希·阿尔伯特·朗格（Friedrich Albert Lange）的信中对于资本主义生产规模持续疯狂扩张，并不断由工业向农业拓展的趋势也表达了深深的担忧，"科学终于也将大规模地、像在工业中一样彻底地应用于农业；欧洲东南部和美国西部在我们看来是取之不尽、用之不竭的天然肥沃的地区将以空前巨大的规模进行开发。如果这些地区都已经开垦出来，可是还有匮乏现象，那才是该说应该警惕的时候。"③ 马克思对于土地资源的合理利用是认可的，"土地只要处理得当，就会不断改良。土地的优点是，各个连续的投资能够带来利益，而不会使以前的投资丧失作用。"④ 但是，对于资本主义生产条件下，破坏维持土地肥力自然物质循环的掠夺式使用土地的方式进行了无情的批判，"资本主义农业的任何进步，都不仅是掠夺劳动者的技巧的进步，而且是掠夺土地的技巧的进步，在一定时期内提高土地肥力的任何进步，同时也是破坏土地肥力持久源泉的进步。……同时破坏了一切财富的源泉——土地

---

① 《马克思恩格斯文集》第5卷，人民出版社2009年版，第579页。
② 《马克思恩格斯文集》第7卷，人民出版社2009年版，第919页。
③ 《马克思恩格斯文集》第10卷，人民出版社2009年版，第226页。
④ 《马克思恩格斯文集》第7卷，人民出版社2009年版，第883页。

和工人。"①

　　森林有着地球之肺之称，作为陆地生态系统的重要组成部分，它在调节气候、涵蓄水源、保持水土、防风固沙、改良土壤、减少自然灾害等方面都发挥着不可替代的生态作用。与此同时，森林对保护和改善人类生存环境也发挥着重要的社会作用。它为人们开展休闲活动提供了良好的场所，为帮助人们调节压力、舒缓情绪、陶冶性情创设了不可或缺的环境条件，为人类的生存和发展做出了独特的贡献。马克思、恩格斯对于资本主义生产条件下森林资源的开发利用都非常关注。马克思认为，资本主义私人经营与植树造林之间存在尖锐的矛盾。树木的成长有其自身的周期，植树造林是一个漫长的过程，而资本主义的私人经营使多数的资本家只关心自身的、眼前的、短期的利益，因此，像植树造林这样的事情就不适合于私人经营。而且，"文明和产业的整个发展，对森林的破坏从来就起很大的作用，对比之下，它所起的相反的作用，即对森林的护养和生产所起的作用则微乎其微。"② 恩格斯则对资本家为了获得产品利润不计后果、急功近利的生产与经营进行了严厉的谴责。这种疯狂的逐利行为对森林的破坏是巨大的，"西班牙的种植场主曾在古巴焚烧山坡上的森林，以木灰作为肥料让能赢利的咖啡树利用一个世代之久，至于后来热带的倾盆大雨竟冲毁毫无保护的沃土而只留下赤裸裸的岩石，这同他们又有什么相干呢？在今天的生产方式中，面对自然界和社会，人们注意的主要只是初期的最明显的成果"③。而在1876年马克思致恩格斯的信中也提到了滥砍乱伐所带来的生态环境的严重破坏："我们在卡尔斯巴德（这里最近六个星期没有下雨）从各方面听到的和亲身感受的是：热死人！此外还缺水；帖普尔河好像是被谁吸干了。由于两岸树木伐尽，因而造成了一种美妙的情况：这条小河在多雨时期（如1872年）就泛

---

① 《马克思恩格斯文集》第5卷，人民出版社2009年版，第579—580页。
② 《马克思恩格斯文集》第6卷，人民出版社2009年版，第272页。
③ 《马克思恩格斯文集》第9卷，人民出版社2009年版，第562—563页。

滥，在干旱年头就干涸。"①

水是生命之源，一切生命活动都起源于水。它的不停循环运动在维护自然生态和社会生态平衡方面具有不可替代的重要作用。但是，生态平衡的保持也依赖于水的良性循环。水多了，江河横溢，陆地行船；水少了，赤地千里，禾苗枯槁；水脏了，水体腐臭，疮痍满目。马克思、恩格斯对于水资源遭受人类不当劳作生产的破坏所引发的环境问题也有所关注。早在1839年发表的《乌培河谷来信》中，恩格斯就对家乡的乌培河遭受严重工业污染的情况有所关注。他在信中这样描述一条被染坊红色染料污染的河流："这条狭窄的河流，时而徐徐向前蠕动，时而泛起它那红色的波浪，急速地奔过烟雾弥漫的工厂建筑和棉纱遍布的漂白工厂。然而它那鲜红的颜色并不是来自某个流血的战场……而只是流自许多使用鲜红色染料的染坊。"② 在《英国工人阶级状况》中，恩格斯也对河流污染做出了描述："像一切流经工业城市的河流一样，流入城市的时候是清澈见底的，而在城市另一端流出的时候却又黑又臭，被各色各样的脏东西弄得污浊不堪了。"③ 对于曼彻斯特旧城附近的艾尔克河，恩格斯是这样描述的：

> 这是一条狭窄的、黝黑的、发臭的小河，里面充满了污泥和废弃物，河水把这些东西冲积在右边的较平坦的河岸上。天气干燥的时候，这个岸上就留下一长串龌龊透顶的暗绿色的淤泥坑，臭气泡经常不断地从坑底冒上来，散布着臭气，甚至在高出水面四五十英尺的桥上也使人感到受不了。此外，河本身每隔几步就被高高的堤堰所隔断，堤堰近旁，淤泥和垃圾积成厚厚的一层并且在腐烂着。桥以上是制革厂；再上去是染坊、骨粉厂和瓦斯厂，这些工厂的脏水和废弃物统统汇集在艾尔克河里，此外，这条小

---

① 《马克思恩格斯全集》第34卷，人民出版社1972年版，第25页。
② 《马克思恩格斯全集》第1卷，人民出版社1956年版，第493页。
③ 《马克思恩格斯全集》第2卷，人民出版社1957年版，第320页。

河还要接纳附近污水沟和厕所里的东西。①

而在英国的工业城市,像艾尔克河一样被脏水和废弃物污染的河流还有很多。在《德意志意识形态》中,马克思、恩格斯深刻地指出:"鱼的'本质'是它的'存在',即水。河鱼的'本质'是河水。但是,一旦这条河归工业支配,一旦它被染料和其他废料污染,成为轮船行驶的航道,一旦河水被引入水渠,而水渠的水只要简单地排放出去就会使鱼失去生存环境,那么这条河的水就不再是鱼的'本质'了,对鱼来说它将不再是适合生存的环境了。"② 工业废料的污染,轮船的行驶破坏着河水的水质,严重影响着鱼类的生存环境,使河水不再是河鱼的本质,同样,自然界是人的类本质,异化劳动导致了自然的异化,使自然成为人的异己的本质。在《反杜林论》中,恩格斯深入分析了资本主义大工业生产与水资源之间的关系。

> 蒸汽机的第一需要和大工业中差不多一切生产部门的主要需要,就是比较干净的水。但是工厂城市把所有的水都变成臭气熏天的污水。因此,虽然向城市集中是资本主义生产的基本条件,但是每个工业资本家又总是力图离开资本主义生产所必然造成的大城市,而迁移到农村地区去经营。关于这一过程,可以在兰开夏郡和约克郡的纺织工业地区详细加以研究;在那些地方,资本主义大工业不断地从城市迁往农村,因而不断地造成新的大城市。③

一方面,对于使用蒸汽机的资本主义大工业生产来说,离不开干净的水,为了保障工业生产的持续进行,就需要保持水资源的清洁。但是,另一方面,

---

① 《马克思恩格斯全集》第 2 卷,人民出版社 1957 年版,第 331 页。
② 《马克思恩格斯文集》第 1 卷,人民出版社 2009 年版,第 550 页。
③ 《马克思恩格斯文集》第 9 卷,人民出版社 2009 年版,第 321—313 页。

资本主义大工业生产又与水资源的保护呈现一种对立的关系。资本主义工业生产过程中，水资源遭受了严重污染。当一个城市附近的水源被污染得已经不适合继续进行工业生产时，资本家所要做的就是将工厂迁徙到新的水源地附近。这样，工业生产与水资源利用形成恶性循环：无节制的工业生产导致水资源遭受严重破坏，而水资源受到污染后又使得生产难以持续。显然，这是一种杀鸡取卵式的、对自然资源具有极大破坏作用且不可持续的工业生产方式。针对这种现实，恩格斯义正词严地指出："要消灭这种新的恶性循环，要消灭这个不断重新产生的现代工业的矛盾，又只有消灭现代工业的资本主义性质才有可能。"①

空气是人生存必不可少的物质。空气无时无刻都与人体进行着物质交换，把人体需要的物质送入体内，再把人体产生的无用的、有害的物质置换掉。人的健康与空气质量息息相关。生活在洁净的空气中会让人心情愉悦。清洁的空气带给人的是有益生命健康的营养物质，而被污染的空气则会携带大量有害物质进入人体，轻则引发身体疾病，重则危及生命安全。在马克思、恩格斯所处的时代，工业城市空气污染是个较为突出的问题，疯狂扩张的工业生产导致空气质量不断恶化。工业生产过程中大量工业废物的任意排放是造成空气污染的一个重要原因。有这样一些工业城市，其纯粹以工人居住为主，"本身都建筑得坏而杂乱，有许多肮脏的大杂院、街道和小胡同，到处都弥漫着煤烟，……斯托克波尔特在全区是以最阴暗和被煤烟熏得最厉害的地方之一出名的"②。这些工业城市充斥着煤烟的空气原本就毫无质量可言，而居住区随处可见的垃圾、黝黑的河水所散发出的令人作呕的臭气则加剧了空气的污浊不堪。此外，数量巨大的工人生活在肮脏破旧、拥挤不堪的工厂区域的客观现实更是令这一状况雪上加霜。这样的工业城市的空气质量是无论如何不能和乡村地区的清新空气相比较的。"250万人的肺和25万个火炉挤在三四平方德里的面积上"，由于通风极为不好，"呼吸和燃烧所产生的碳酸气"大量滞留在工人的生活区，"居民

---

① 《马克思恩格斯文集》第9卷，人民出版社2009年版，第313页。
② 《马克思恩格斯全集》第2卷，人民出版社1957年版，第324页。

的肺得不到足够的氧气,结果肢体疲劳,精神萎靡,生命力减退"。① 这些工人中的大多数原本都生活在乡村,过着自给自足的生活,虽说生活也有很多不尽如人意的地方,但至少不用很多人拥挤地居住在一个空气污浊的狭小空间内,不用担心糟糕的空气对身体健康造成的伤害。资本主义大工业生产所导致的空气污染对于资产阶级来说一样是有损健康的,但是和无产阶级工人的区别在于,他们有自己的途径来选择降低或躲避这种不良损害。

  中等的资产阶级住在离工人区不远的整齐的街道上,即在却尔顿和在奇坦希尔的较低的地方,而高等的资产阶级就住得更远,他们住在却尔顿和阿德威克的郊外房屋或别墅里,或者住在奇坦希尔、布劳顿和盆德尔顿的空气流通的高地上,——在新鲜的对健康有益的乡村空气里,在华丽舒适的住宅里,每一刻钟或半点钟都有到城里去的公共马车从这里经过。②

  而无产阶级工人就没有这么的幸运,他们没有办法选择自己的劳动与生活,自然也没有办法选择远离被污染的空气。尽管他们极度渴望呼吸洁净的空气,但是他们"从小就被剥夺了在新鲜空气里活动的机会,……工厂工人对一切疾病的抵抗力都特别弱,生活力普遍减低,整个智力和体力都不断在衰退"。③ 以至于工厂工人的身体状况普遍都很糟糕。在资本主义制度下,看似表面上人人享有平等的权利,其背后却是大多数人的不自由与权利的缺失。空气是每个人都能无偿享用的自然资源,洁净的空气带给人们健康,污浊的空气损害人们的身体,从这个角度来说,面对被污染的空气,人人都是弱势群体。但是在马克思所生活的时代,人们普遍还不具备这样的生态环保意识,特别是生活在上层社会的资本家认为用经济的手段就可以让自己免受空气污染带来的伤害。但随

---

① 《马克思恩格斯文集》第1卷,人民出版社2009年版,第409页。
② 《马克思恩格斯全集》第2卷,人民出版社1957年版,第327页。
③ 《马克思恩格斯全集》第2卷,人民出版社1957年版,第442页。

着资本主义工业生产的无节制扩张发展，空气污染波及的范围越来越大，人们逐步认识到，只要是生活在地球上，谁都无法独善其身，毕竟地球只有一个，越发严重的工业污染是地球所不能承受之重。特别是在当今世界发展越发一体化的趋势下，任何一个国家，任何一个个人都难逃空气污染之害，人类自身发展要坚持生态化的方向也基本成为人们的共识。而马克思在对资本主义制度进行批判的过程中，就很具前瞻性地指出了这样一个生态问题，这也为我们思考和探讨当代的生态问题奠定了重要的理论基础。

二、异化休闲是异化劳动的直接后果

劳动和休闲是人类基本生存样态的两个重要组成部分，它们虽有区别，但又联系紧密，彼此相互关联，相互影响。一方面，劳动为休闲提供基本的物质基础，离开了劳动，休闲就失去了存在的根基。另一方面，劳动也离不开休闲的调节，缺少休闲，劳动就很难良性地持续进行，也失去了应有的乐生价值。但是，在马克思生活的时代，工人饱受资本家剥削，劳动与休闲严重对立，异化劳动直接导致休闲的异化。

（一）劳动产品与工人的异化使工人没有休闲的物质基础

在异化劳动中，劳动者所生产的劳动产品被资本家所占有，劳动产品非但没有成为作为人的本质力量对象化的物证，反而成为一种"异己的存在物"。"工人在劳动中耗费的力量越多，他亲手创造出来反对自身的、异己的对象世界的力量就越强大，他自身、他的内部世界就越贫乏，归他所有的东西就越少。"[1] 在这种畸形的劳动关系中，工人极度贫困，虽付出了极为辛苦的劳动，但所拥有的生活资料连维持自身肉体的生存都很困难，可人的生活是不能缺少基本的物质保障。诚如马克思、恩格斯曾所言："人们为了能够'创造历史'，必须能

---

[1] 《马克思恩格斯文集》第1卷，人民出版社2009年版，第157页。

够生活。但是为了生活,首先就需要吃喝住穿以及其他一些东西。"① 同理,作为生活的一个重要组成部分的休闲,其活动的进行也离不开基本的物质基础。但是,异化的劳动剥夺了工人进行休闲的权利,恶劣的工作环境侵蚀着工人的生命健康,贫困的生活让工人连基本的吃喝住穿都难以满足。"雇佣工人靠自己的劳动所占有的东西,只够勉强维持他的生命的再生产……工人仅仅为增值资本而活着,只有在统治阶级的利益需要他活着的时候才能活着。"② 试想,在这样的生活条件下,工人们连基本的生存需求都难以保障,又怎么能对休闲的需求有所奢望?

然而,休闲作为人在生活中的一项基本需求,是在劳作之后实现身体的休息放松与体力恢复的重要途径。劳动与休闲是密不可分的,繁重的劳动过后,人体的各项机能必须经过一定时间的休息放松才能得以恢复,休息放松正是休闲的开始。休闲可以促进劳动,在疲劳状态下人的工作效率和质量都会大打折扣。休闲所发挥的缓解疲劳、恢复精气体能的作用,使人能够重新以旺盛的精力投入工作,进而恢复和实现较高的工作效率。正如我国古人所提倡的,一张一弛乃文武之道,很形象地概括了劳动与休闲的互补作用。

"劳动创造了人类,也创造了休闲;没有劳动就没有休闲,没有休闲,人类就不会有高级的劳作形式"③。劳动与休闲是人生两种须臾不可分离的状态,付出劳动,享有休闲是劳动与休闲的一般逻辑关系,但是劳动产品与工人的异化,破坏了劳动与休闲之间应有的均衡关系。"工人生产得越多,他能够消费的越少;他创造的价值越多,他自己越没有价值、越低贱;工人的产品越完美,工人自己越畸形;工人创造的对象越文明,工人自己越野蛮;劳动越有力量,工人越无力;劳动越机巧,工人越愚笨,越成为自然界的奴隶。"④ 这种劳动产品

---

① 《马克思恩格斯文集》第 1 卷,人民出版社 2009 年版,第 531 页。
② 《马克思恩格斯文集》第 2 卷,人民出版社 2009 年版,第 46 页。
③ 于光远、马惠娣:《于光远马惠娣十年对话——关于休闲学研究的基本问题》,重庆大学出版社 2008 年版,第 118 页。
④ 《马克思恩格斯文集》第 1 卷,人民出版社 2009 年版,第 158 页。

与工人相异化的劳动关系的逻辑就是,工人付出的劳动越多,失去的就越多。工人超负荷劳动占用了工人大量自由时间,却依旧十分贫穷,这也相当于间接剥夺了工人进行休闲所需的时间条件和物质基础,导致工人无力休闲。没有休闲只有劳动,工人自身的身体健康遭受极大的损害,精神上更是饱受摧残,过度的超负荷劳动带给工人的是贫穷、低贱、畸形、野蛮和愚笨。

缺少了休闲对身体疲劳的恢复和心灵的慰藉,劳动对于工人来说就完全变成一种在外在力量强迫下的异己行为。"这种劳动不是满足一种需要,而只是满足劳动以外的那些需要的一种手段。劳动的异己性完全表现在:只要肉体的强制或其他强制一停止,人们就会像逃避瘟疫那样逃避劳动。"[1] 高强度劳而无闲的劳动对于工人来说,是一种肉体的折磨,精神的摧残,是对自己的否定。他们在劳动中感受不到舒畅、幸福,得不到体力、智力的自由发展。

劳动和休闲是一体两面的关系,虽有区别但又密切相连不可分割,而且在很多情况下,劳动和休闲往往没有明显的边界,常常自然而然地融为一体。但是,在资本主义私有制生产条件下,资本的逐利性催生了资本家的贪婪,资本家在利益的驱使下抛弃了人性的考量,想尽一切方法去压榨剥削底层的工人,以至于呈现出工人越是生产的多,自己占有的就越少的异化劳动状态。劳动的异化所导致的一个结果就是劳动几乎成为工人生活的全部,用马克思的话来表述:"他首先是作为工人,其次是作为肉体的主体,才能够生存。"[2] 过度的劳动侵占了生活中该有的休闲,破坏了劳动和休闲应有的张弛平衡关系。当劳动成为一种"自我牺牲""自我折磨"的时候,就失去了乐趣和快乐等"乐生要素",而成为一种"非人"的生命活动,也就越发加剧了劳动和休闲之间的紧张和对立。

虽然,休闲的形式众多,日常生活中的许多休闲活动未必需要很多的物质支撑,我们也可以从心理感受、精神状态的角度去理解休闲。但不能忽视的是,

---

[1] 《马克思恩格斯文集》第1卷,人民出版社2009年版,第159页。
[2] 《马克思恩格斯文集》第1卷,人民出版社2009年版,第158页。

这种心理状态是在"投入到休闲活动中时思想所发生的变化"①，休闲对大多数人来说也不可能是一种不需要物质条件支撑的纯粹的心理活动。当然，资本家之所以认为强迫工人进行长时间、高强度劳动是天经地义的事情，其中一个重要原因就是付给了工人劳动报酬，即工资。但通过详尽的调查和缜密的论证，马克思揭示了工资背后所隐藏的资本主义剥削的实质。他指出："工资的形式消灭了工作日分为必要劳动和剩余劳动、分为有酬劳动和无酬劳动的一切痕迹。"②资本家付给工人的工资，仅仅相当于"为了保持车轮运转而加的润滑油"③，工人拿到的劳动报酬连基本生存都难以保障。试想，在早期的资本主义社会，在基本的生理生存需求都得不到满足的情况下，更何谈为了休闲这种处于更高生活需求层次的活动提供物质保障呢？退一步讲，即使工人在闲暇之时从事一些不需要过多物质支持的休闲活动，但是现实的悲惨境遇，也使工人即便是在休闲活动中，也难以摆脱压力、焦虑、沮丧等负面情绪的包围，而无法全身心地投入到休闲之中。存形去义的休闲也很难给休闲者带来心灵的慰藉和精神的修复，发挥休闲应有的作用。

（二）劳动与工人的异化使工人没有休闲的时间条件

劳动对于工人来说本来应该是一种内在的需要，但是"劳动作为一种与他相异的东西不依赖于他而在他之外存在，并成为同他对立的独立力量"④。于工人而言，"这种劳动不是他自己的，而是别人的；劳动不属于他；他在劳动中也不属于他自己，而是属于别人。……同样，工人的活动也不是他的自主活动。他的活动属于别人，这种活动是他自身的丧失。"⑤ 正是由于劳动不属于工人自己，因此工人在劳动中失去了基本的自由。如果工人是为自己劳动的话，当自

---

① [美] 克里斯托弗.R. 埃廷顿等：《休闲与生活满意度》，杜永明译，中国经济出版社2009年版，第38页。
② 《马克思恩格斯文集》第5卷，人民出版社2009年版，第619页。
③ 《马克思恩格斯文集》第1卷，人民出版社2009年版，第171页。
④ 《马克思恩格斯文集》第1卷，人民出版社2009年版，第157页。
⑤ 《马克思恩格斯文集》第1卷，人民出版社2009年版，第160页。

己的需求得到满足，就可以停止劳动，当身体感到疲劳的时候，就可以停下来休息。工人可以自由调节自己的劳动节奏，在劳动中也可以享有自己的自由时间。但是在资本主义雇佣劳动条件下，资本家为了盈利就必须获取更多的剩余价值。资本对剩余劳动的追逐呈现出极为贪婪的一面。

  资本由于无限度地盲目追逐剩余劳动，像狼一般地贪求剩余劳动，不仅突破了工作日的道德极限，而且突破了工作日的纯粹身体的极限。它侵占人体的成长、发育和维持健康所需要的时间。它掠夺工人呼吸新鲜空气和接触阳光所需要的时间。它克扣吃饭时间，尽量把吃饭时间并入生产过程本身，因此对待工人就像对待单纯的生产资料那样，给他饭吃，就如同给锅炉加煤、给机器上油一样。资本把积蓄、更新和恢复生命力所需要的正常睡眠，变成了恢复精疲力竭的有机体所必不可少的几小时麻木状态。①

可以说，资本对工人自由时间的克扣已经达到了工人的生理极限，连维持工人正常生理机能所必需的吃饭时间、睡觉时间都要极尽压缩，使工人彻底沦为生产的机器。工人失去了在劳动中的自主权，也意味着失去了在劳动中的自由时间。

马克思对自由时间问题非常关注，自由时间理论也是指认马克思休闲思想的重要依据。自由时间是考察休闲问题的一个重要维度，自由时间是休闲存在的基本前提，休闲的进行离不开一定的时间条件。但是在资本主义生产条件下，"不是劳动力维持正常状态决定工作日的界限，相反的，是劳动力每天尽可能达到最大量的耗费（不论这是多么强制和多么痛苦）决定工人休息时间的界限。"②资本的贪婪通过工作日不断延长变化的历史演变就可窥见一斑："资本经历了几个世纪，才使工作日延长到正常的最大极限，然后越过这个极限，延

---

① 《马克思恩格斯文集》第 5 卷，人民出版社 2009 年版，第 306 页。
② 《马克思恩格斯文集》第 5 卷，人民出版社 2009 年版，第 306 页。

长到十二小时自然日的界限。此后,自18世纪最后三十多年大工业出现以来,就开始了一个像雪崩一样猛烈的、突破一切界限的冲击。习俗和自然、年龄和性别、昼和夜的界限,统统被摧毁了。"①

在利益的刺激下,资本家疯狂地榨取工人的自由时间,资本家不仅在"法定"工作时间内通过增加劳动强度等方式想方设法占有工人的劳动时间,还要千方百计地通过"零敲碎打地偷窃"等隐蔽方式来侵占工人"合法"的吃饭时间和休息时间。显然资本家对工人自由时间的占有是贪得无厌的,过长的"法定"劳动时间并没有满足资本家对剩余价值的贪婪,反而还要千方百计地侵占工人所剩不多的生活时间。马克思在《资本论》中所引用的工厂视察员的报告,就较为直观地揭示了资本家是如何通过隐蔽的方式蚕食工人的自由时间。

进行欺骗的工厂主在早晨6点前1刻就开工,有时还要早些,有时稍晚些,晚上6点过1刻才收工,有时稍早些,有时还要晚些。他把名义上规定的半小时早饭时间前后各侵占5分钟,一小时午饭时间前后各侵占10分钟。星期六下午到2点过1刻才收工,有时稍早些,有时还要晚些。这样他就赚到:

早6时前…………15分钟	
晚6时后…………15分钟	
早饭…………10分钟	5日共计:300分钟
午饭…………20分钟	
60分钟	

星期六

早6时前…………15分钟	
早饭…………10分钟	一周共计:340分钟
下午2时后…………15分钟	

---

① 《马克思恩格斯文集》第5卷,人民出版社2009年版,第320页。

就是说，每周多出来 5 小时 40 分钟，每年以 50 个劳动周计算（除掉两周作为节日或因故停工），共为 27 个工作日。

每个工作日比标准时间延长 5 分钟，一年就等于 $\frac{1}{2}$ 个工作日。这里捞一点时间，那里捞一点时间，一天多出一小时，一年 12 个月就变成 13 个月了。①

为了生存，工人需要花费较多时间用于劳动是可以理解的，但是一旦工作日延长到突破了劳动力身体界限和道德界限的时候就成为一种"文明暴行"。正如马克思所指出的，人除了"必须有一部分时间满足身体的其他需要，如吃饭、盥洗、穿衣等等"，还"必须有时间满足精神需要和社会需要，这些需要的范围和数量由一般的文化状况决定"②。在这里，吃饭穿衣所花费的时间是指人正常生活所必需的生理生存时间，而用于满足精神需要和社会需要的时间中则包含着我们所说的休闲时间。工人为了生存，出卖了自己自由支配时间的权利，也出卖了自己休闲的权利，换回仅够勉强糊口的工资。休闲原本是工人生活中必不可少的一个组成部分，但是过度繁重而又超长的劳动让工人没有体力、精力，更没有时间进行休闲，休闲对大多数工人来说只能是一种无奈的渴望。

针对资本家的压迫和剥削，"清醒过来"的工人阶级也开始进行反抗。面对工人阶级的反抗，资产阶级也不得不做出让步，但是这种让步是极其有限的。正如马克思在《资本论》中以大工业诞生地英国为例指出："30 年来，工人所争得的让步完全是有名无实。从 1802 年到 1833 年，议会颁布了五个劳动法，但是议会非常狡猾，它没有批准一文钱用于强制地实施这些法令，用于维持必要的官员等等。这些法令只是一纸空文。"③ 立法并没有触及资本的要害，从根

---

① 《马克思恩格斯文集》第 5 卷，人民出版社 2009 年版，第 278—279 页。
② 《马克思恩格斯文集》第 5 卷，人民出版社 2009 年版，第 269 页。
③ 《马克思恩格斯文集》第 5 卷，人民出版社 2009 年版，第 321 页。

本上来维护工人阶级的权益，资本还是可以自由榨取工人的劳动。对此，马克思用了大量的数据和事实来揭示立法的漏洞和执法的无力。例如，"1844年的法令规定，在上午连续劳动5小时至少要休息30分钟，但是关于下午的劳动却没有任何类似的规定。因此，资本要求而且确实也迫使8岁的童工不仅从下午2点一直拼命干到晚上8点半，而且还要挨饿！"① 工厂主对法令视而不见，他们"死抠法令条文"，千方百计地去钻法律的漏洞，执法的无力更是助长了他们对法令条文肆无忌惮地挑战。工厂视察员伦纳德·霍纳在报告说："我在七个审判区中提出10件诉讼，试图强制人们执行法律，可是只有一件诉讼得到治安法官的支持……我认为再对违法行为提出诉讼是徒劳无益的。"② 工人们争取的十小时工作日不但没有让工人减轻劳动，获得更多的可供自由支配的时间，反而受到被滥用的"换班制度"的影响，工作12小时或15小时，却只获得10小时的工资。

在十五小时工厂日内，资本一会儿把工人拉来干30分钟，一会儿拉来干一小时，然后又把他推开，接着又把他拉来，然后再把他推开，就这样一小段一小段时间地把他赶来赶去，但是在他未做满10小时之前，决不把他放掉。就像在舞台上一样，同样一些人物要在各幕戏的各个场次轮流出场。但是也正像演员在整个戏的演出中是属于舞台一样，现在，工人在15小时之内是属于工厂，其中还不包括上下工走路的时间。于是，休息时间变成了强制闲逛的时间，它把少年男工赶进酒店，把少年女工赶进妓院。③

在这样的换班制度下，看似工人的劳动强度有所降低，工作一段时间就可以获得休息的机会，但实际上工人遭受的是另一种更为残酷的剥削。资本家滥

---

① 《马克思恩格斯文集》第5卷，人民出版社2009年版，第332页。
② 《马克思恩格斯文集》第5卷，人民出版社2009年版，第335页。
③ 《马克思恩格斯文集》第5卷，人民出版社2009年版，第336页。

用换班制度，以换班制度为掩护，借换班之名，强迫工人超时劳动。当时英国颁布的所谓十小时工作法令下，形同虚设，暂且不谈这种"换班"给工人带来的经济损失，就从自由时间来看，貌似工人在劳动之余也拥有了一定可供支配的自由时间，但这种自由时间是一种被强迫的自由时间。就像一些下岗工人"被休闲"一样，休闲并非是他们的本意，但碍于现实又不得不去休闲。在这样的"自由时间"内，工人们除了做一些无意义的事情来打发时间外，还能做些什么呢？结果，现实中工人得到的是更少的且更不规律的劳动和休息时间，这种换班制度导致的是工人休闲异化的进一步加剧。

总之，劳动与工人的异化使工人的休闲也发生异化。一方面，繁重的劳动使工人渴望休闲却没有时间、没有精力去休闲，休闲的权利被赤裸裸地剥夺；另一方面，工人的自由时间被资本所挟持，工人失去对时间的自由控制，原本可用于休闲的时间被迫成为无所事事的"闲逛"时间。休闲一旦失去自主、自由属性，成为外在的必然性强制，也就不是真正意义上的休闲，又怎么能指望这种为了打发时间而被迫进行的休闲，带给工人发自内心的轻松和愉悦。因此也就不难理解，在这样的条件下，休闲就偏离了其生态的本质，被异化为两个极端，要么无休无闲，要么无所事事，甚至为了消磨时间而选择堕落、放纵。

（三）人与其类本质的异化使工人失去作为类的休闲存在状态

马克思指出："一个种的整体特性、种的类特性就在于生命活动的性质，而自由的有意识的活动恰恰就是人的类特性。生活本身仅仅表现为生活的手段。"[1] 人与动物的重要区别在于，"动物不把自己同自己的生命活动区别开来。它就是自己的生命活动。人则使自己的生命活动本身变成自己意志的和自己意识的对象。他具有有意识的生命活动。这不是人与之直接融为一体的那种规定性。有意识的生命活动把人同动物的生命活动直接区别开来。"[2]

---

[1] 《马克思恩格斯文集》第 1 卷，人民出版社 2009 年版，第 162 页。
[2] 《马克思恩格斯文集》第 1 卷，人民出版社 2009 年版，第 162 页。

正因为人是有意识的类存在物，所以人的劳动与动物的劳动有本质的区别。"动物只是在直接的肉体需要的支配下生产，而人甚至不受肉体需要的影响也进行生产，并且只有不受这种需要的影响才进行真正的生产；动物只生产自身，而人再生产整个自然界；动物的产品直接属于它的肉体，而人则自由地面对自己的产品。"①

作为人，工人原本应该是自由自觉的存在，但是异化劳动却夺走了工人作为人的类本质，把作为类的生活及能力当作了工人维持肉体生存的手段。异化劳动是一种外在的强制性劳动，工人在劳动时感受不到自由和快乐。相反，劳动对工人而言却是一种牺牲与折磨，是一个使自身不断丧失的过程。工人在劳动过程中是没有自由的，"人（工人）只有在运用自己的动物机能——吃、喝、生殖，至多还有居住、修饰等等——的时候，才觉得自己在自由活动，而在运用人的机能时，觉得自己只不过是动物。动物的东西成为人的东西，而人的东西成为动物的东西。"②对此，恩格斯也曾尖锐地指出，这种强制的劳动几乎剥夺了工人所有可自由支配的时间，"这种工作不让工人有精神活动的余地，并且要他投入很大的注意力，除了把工作做好，别的什么也不能想。这种强制劳动剥夺了工人的一切可支配的时间，工人只有一点时间用于吃饭和睡觉，而没有时间从事户外活动，在大自然中获得一点享受，更不用说从事精神活动了，这种工作怎能不使人沦为牲口呢！"③

休闲是一种自主自由的活动，是人的类生活的重要组成部分。休闲是人在劳动后所产生的基本需求，在人的生活中发挥着不可替代的作用。首先，休闲具有放松恢复功能。休闲利于身心放松，有助于恢复生理和精神的疲劳。也正是因为这个原因，人们常常很直观地将休闲理解为是一种在劳动之后休息放松的恢复性活动。人在劳动过程中不仅会产生身体上的疲劳，还会导致精神的紧

---

① 《马克思恩格斯文集》第1卷，人民出版社2009年版，第162—163页。
② 《马克思恩格斯文集》第1卷，人民出版社2009年版，第160页。
③ 《马克思恩格斯文集》第1卷，人民出版社2009年版，第433页。

张与劳累,因此,休闲不仅是对劳动者体力的恢复,也是对劳动给劳动者带来的精神压力的舒缓,劳动所导致的身心关系的扭曲和不平衡在休闲中得以矫正和协调。其次,休闲具有乐生功能。游憩、游戏、玩耍等娱乐活动是休闲活动的一种生活样式,通过娱乐活动人们得到进一步的休息和放松,并获得生理和精神上的愉悦和享受,体验乐趣、惬意、舒服等积极的心理感受。劳动和生活所带来的紧张和压力在快乐和轻松的状态下得以解除和导泻。再次,休闲具有培育发展功能。积极的休闲娱乐还可以让人们感受生活的丰富与美好,提升对生活的审美能力,培养一种积极健康的生活态度。而具有创造力和想象力的休闲活动如绘画、音乐、健美等为人们的自我发展提供了更为宽广的空间,避免了单调的线性生活所引发的生理或智力的衰退,以及精神的贫乏。通过兴趣爱好和自我选择激发各种潜能,不断实现个人的发展目标,进而促进人的全面发展。

人之所以为人,是因为具有自觉改造世界的能力。但是在资本主义制度下,工人生产的财富被资本家所无情剥夺,劳动为富人创造了奇迹,创造了美,创造了智慧,然而工人得到的却是贫穷、畸形和愚昧。工人连自己的行为都不能自主控制和预见,更何谈去改造世界?人的类存在的异化也导致工人休闲的异化,其主要表现为:工人的休闲失去了其类本质,简单化等同于休息,混同于吃喝的本能。休息是一切生物的本能,没有休息一切生物的生命都难以持续。如果从休养生息这一角度来狭义地理解,休闲与休息在内涵方面有所重叠,但休闲绝不等同于休息。然而,在现实生活中,人们往往将休闲理解为休息。此外,提到休闲,人们也比较容易直观联想到聚众等娱乐活动,其内涵也常常被世俗地窄化理解。诚然,休闲既是一种具体的活动,但正如上文所部分列举的休闲的功能可以看到,休闲也是一种观念、一种理想、一种生命状态。休闲的珍贵之处就在于,虽然我们可以通过一些行为活动在形式上去占有休闲,但是未必人人能在行为活动中体验到并享有休闲。没有精神消遣,仅仅是无所事事、打发和填充时间的休闲是存形去义的虚假休闲,在这样的休闲中,不能够感受到自由带来的轻松与愉悦，不能够体验到深思与沉静的美妙，自然也得不到身体的放松、精神的慰藉和内心的充实。

  对于在马克思所生活时代，饱受资本家剥削的工厂工人来说，休闲是一种奢侈的愿望。即便有时可以在为数不多的闲暇时间里见缝插针地进行一些休闲活动，但这种失去自由属性的休闲带有明显的异化色彩。此时，休闲成为一种由外在力量主导的"强制性"的行为，"休息时间变成了强制闲逛的时间，它把少年男工赶进酒店，把少年女工赶进妓院。"[①] 对此，恩格斯在《英国工人阶级状况》中有更为详尽的描述："除酗酒外，许多英国工人的另一大恶习是纵欲。这个阶级既然处于无人过问的情况，而又没有正当地利用这种自由所必需的手段，那么，这种恶习的产生就是无法改变的结果，是无可避免的必然。资产阶级只留给他们这两种享乐，同时却把大量沉重的劳动和苦痛加到他们身上。"[②] 贫穷、过度的强制劳动对工人的身体和精神都起到很大的破坏作用，精神的贫瘠破坏着工人的休闲能力，即使工人具有了休闲的时间和物质条件，但是否拥有足够的休闲智慧去享受休闲应有的激情与乐趣依然是个问题。而且身处人口密集的大城市，"他们到处都要遇到恶习的引诱和犯禁享乐的诱惑"[③]。对工人而言，"酗酒是十分自然的"。"1830 年颁布的啤酒法便利了啤酒店即所谓 Jerry – Shops 的开设，店主获准出售啤酒……这个法令也助长了酗酒的风气，因为几乎每一家的门前都有了小酒店……而在乡下，只要有两三幢房子在一起，其中必然有一家 Jerry – Shop。此外，还有很多 Hush – Shops，即私设小酒店。"[④] 对于这些四处林立的酒店，马克思一针见血地指出："工人的粗陋的需要是比富人的讲究的需要大得多的赢利来源……用国民经济学的语言来说，是更大的社会财富。因此，英国的酒店是私有制的具有象征意义的表现。酒店的奢侈表明工

[①] 《马克思恩格斯文集》第 5 卷，人民出版社 2009 年版，第 336 页。
[②] 《马克思恩格斯文集》第 1 卷，人民出版社 2009 年版，第 442 页。
[③] 《马克思恩格斯文集》第 1 卷，人民出版社 2009 年版，第 434 页。
[④] 《马克思恩格斯文集》第 1 卷，人民出版社 2009 年版，第 440 页。

业的奢侈和工业的财富对人的真正的关系。因此，酒店理所当然地是人民唯一的、至少得到英国警察从宽对待的星期日娱乐场所。"① 资产阶级对此还振振有词，然而反过来还要谴责工人的恶习，其罪名就是"放纵地追求享乐、没有远见以及不遵守社会秩序"②。但试问，面对朝不保夕的生活、毫无希望的未来，工人们除了投入这些仅有的眼前的感官享受，又有什么其他的选择吗？而且除了这些遍地都是的小酒馆，工人们还有什么合法的地方可以娱乐放松呢？恩格斯的一段话则很好地诠释了这一切："如果人们被置于只适合于牲口的环境，那么他们除了起来反抗或者真的沦为牲口，是没有其他道路可走的。"③

（四）人与人的异化使工人的休闲与资本家的休闲相对立

人在本质上原本应该是共同存在的，但是在异化劳动条件下，却不得不相互疏远、对立。恰如马克思所言："人同自己的劳动产品、自己的生命活动、自己的类本质相异化的直接结果就是人同人相异化。当人同自身相对立的时候，他也同他人相对立。"④ 对工人来说，劳动是一种异己的活动，一种被迫的活动，劳动产品对工人来说也是异己的，不属于工人自己所有。那么，劳动和劳动产品不归工人自己所有，又归谁所有呢？"如果劳动产品不是属于工人，而是作为一种异己的力量同工人相对立，那么这只能是由于产品属于工人之外的他人。如果工人的活动对他本身来说是一种痛苦，那么这种活动就必然给他人带来享受和生活乐趣。"⑤ 不言而喻，在这里所言的"他人"，正是指占有工人劳动成果的资本家。

资本家和工人在劳动中的对立直接导致他们在休闲中的对立。资本家无偿占有工人创造的剩余价值，使工人"生产得越多"，"能够消费的越少"；资本家想方设法挤占工人的自由时间，使工人失去了休闲的时间基础。工人休闲的

---

① 《马克思恩格斯文集》第1卷，人民出版社2009年版，第229—230页。
② 《马克思恩格斯文集》第1卷，人民出版社2009年版，第442页。
③ 《马克思恩格斯文集》第1卷，人民出版社2009年版，第442页。
④ 《马克思恩格斯文集》第1卷，人民出版社2009年版，第163页。
⑤ 《马克思恩格斯文集》第1卷，人民出版社2009年版，第165页。

权利就这样被资本家无情地剥夺了。对资本家而言,"工人仅仅为增值资本而活着,只有在统治阶级的利益需要他活着的时候才能活着"①。"他把工人变成没有感觉和没有需要的存在物,正像他把工人的活动变成抽去一切活动的纯粹抽象一样。因此,工人的任何奢侈在他看来都是不可饶恕的,而一切超出最抽象的需要的东西——无论是被动的享受或能动的表现——在他看来都是奢侈。"②然而,国民经济学家所提倡的这种惊人的"对新鲜空气或身体运动需要"都要节约的,即所谓的勤劳的、禁欲的科学是有着明显的双重标准的。"在今天的社会里,勤劳、特别是节约、禁欲的要求,不是向资本家提出的,而是向工人提出的,而且恰恰是由[Ⅱ—27]资本家提出的。现代社会恰好提出了极其离奇的要求:应该实行禁欲的,是以生活资料为交换目的的人,而不是以致富为交换目的的人。"③

与底层无产阶级无钱无闲的凄惨生活形成鲜明对比的,是上层资产阶级有钱有闲的奢华生活。恩格斯在《英国状况——评托马斯·卡莱尔的〈过去和现在〉》一文中是这样描述英国社会的上层阶级的:"令人惊奇的是,英国社会的上层阶级,即英国人称之为(re-spectable people)"有身份的人"、(the better sort of people)"上等人"的那些人,他们在精神上已经萎靡到了什么程度,他们的力量已经消耗到了什么地步。他们的精力、活动、内容已经丧失殆尽;土地贵族终日打猎,金钱贵族天天记账,顶多也只是看看乏味的颓废的书来充实一下自己的悠闲生活。"④ 而还有一些享乐主义者,"他们心甘情愿地丢掉人的本性,而去一味追求'幸福',只想吃得好,喝得好;它把丑恶的物质享受提到了至高无上的地位,毁掉了一切精神内容。"⑤ 虽然资本家的休闲生活不是马克思理论所重点关注的问题,但通过相关表述可以看到,马克思、恩格斯对资本

---

① 《马克思恩格斯文集》第2卷,人民出版社2009年版,第46页。
② 《马克思恩格斯文集》第1卷,人民出版社2009年版,第226页。
③ 《马克思恩格斯全集》第30卷,人民出版社1995年版,第244页。
④ 《马克思恩格斯全集》第1卷,人民出版社1956年版,第626—627页。
⑤ 《马克思恩格斯全集》第1卷,人民出版社1956年版,第636页。

家萎靡奢侈的休闲生活是持批判态度的。马克思通过《资本论》等一系列著作揭露了资本主义社会财富占有的严重两极分化,并进一步揭示了资本家财富积聚的背后是对工人自由时间赤裸裸的占用和剥削。资本家虽然不直接参与劳动生产,却无偿占有工人辛苦创造的劳动成果,享受奢侈悠闲的生活。然而工人们却一无所有,繁重的劳动侵蚀着他们的健康,也剥夺了他们休闲的自由。对于资本家的贪婪和挥霍享受,马克思一语中地指出:"仅仅供享受的、不活动的和供挥霍的财富的规定在于:享受这种财富的人,一方面,仅仅作为短暂的、恣意放纵的个人而行动,并且把别人的奴隶劳动、把人的血汗看做自己的贪欲的虏获物,所以他把人本身,因而也把自己本身看做可牺牲的无价值的存在物。在这里,对人的蔑视,表现为狂妄放肆,表现为对那可以维持成百人生活的东西的任意糟蹋,又表现为一种卑鄙的幻觉,即仿佛他的无节制的挥霍浪费和放纵无度的非生产性消费决定着别人的劳动,从而决定着别人的生存"①。

而对于资产阶级骄奢放纵的休闲生活,通过《有闲阶级论》一书的描述也可窥见一斑。出版于1899年的《有闲阶级论》一书,是美国经济学家凡勃伦的首部,也是最重要的著作,一经问世立即引起轰动。该书从另一个侧面向我们揭示了19世纪末美国"有闲阶级"纸醉金迷、炫耀挥霍的休闲生活。"对有闲阶级来说,休闲成为'赢得别人尊崇的一种手段','炫耀式的脱离劳动就成为有优越财力成就的公认的标志'……从事生产性劳动是贫穷及臣服的标志,所以和在社会上享有的名气格格不入……这类攀比是间接的不认同参与生产性劳动。"② 凡勃伦作为资本主义经济学家虽然不可能从无产阶级的视角去揭示资本主义制度下劳闲关系的对立,但是凡勃伦与马克思一样对资本主义进行了严厉的批评。在贬低劳动中赞扬休闲,是对劳动与休闲关系的割裂,是对劳闲关系的不正确认识。盲目攀比的过度休闲和对劳动的不尊重与过度劳动而无休闲一

---

① 《马克思恩格斯文集》第1卷,人民出版社2009年版,第233页。
② [美]凡勃伦:《有闲阶级论:关于制度的经济研究》,李华夏译,中央编译出版社,2012年版,第37页。

样,都会产生不良的后果,危害人的自由。同时,值得关注的是上层社会的不良休闲方式正在一定程度上影响甚至左右着下层的休闲方式。"有闲阶级制度借着实施财力礼仪的生活方式,并尽可能向下层阶级榨取生活资料这些手段,间接地在民众身上产生了保存财力型特质的作用。其结果是下层阶级被原本应属上层阶级所专有的人类天性类型所同化。"① 炫耀挥霍式休闲让人们沉溺于大量并不真正需要的东西,进而导致过量生产,对生态环境造成较大压力。

此外,休闲的异化既表现为工人迫切需要休闲却得不到休闲,资本家通过榨取工人的自由时间占有了原本属于工人的休闲,工人的休闲被资本家所控制。与此同时,休闲的异化还表现为另外一种形式,即资本家的休闲服从于资本,被一种"非人的力量统治着",包括休闲享受在内,资本家的享受受控于资本。对此,马克思是这样描述的:"当然,工业资本家也享受。他决不退回到违反自然的粗陋需要。但是,他的享受仅仅是次要的事情,是一种服从于生产的休息;同时,他的享受是精打细算的,从而本身就是一种经济的享受,因为资本家把自己的享受也算入资本的费用。因此,他为自己的享受所挥霍的钱只限于这笔花费能通过会带来利润的资本再生产而重新得到补偿。可见,享受服从于资本,享受的个人服从于资本化的个人,而以前的情况恰恰相反。"② 总而言之,资本家在控制着工人休闲的同时,自己的休闲也被一种外在的力量所控制。当休闲服从于资本时,休闲内在的价值就会发生变化,进而逐渐演变成一种存形去义的活动,休闲的异化便不可避免。

三、异化休闲与生态问题的加剧

在早期资本主义社会,社会休闲呈现出严重的异化状态,也因此引发了一

---

① [美]凡勃伦:《有闲阶级论:关于制度的经济研究》,李华夏译,中央编译出版社,2012年版,第178页。
② 《马克思恩格斯文集》第1卷,人民出版社2009年版,第235页。

系列生态问题：工人阶级严重缺乏休闲，精神生态遭受严重破坏；劳闲关系的不和谐导致工人与资本家的对立加剧，社会生态失去平衡；失去休闲调节的过度生产劳动，致使自然生态遭受严重破坏。

（一）异化休闲对工人精神生态的破坏

休闲的匮乏和不良的休闲对工人的精神生活是严重的摧残。在广泛采用机器生产以前，工人还有一点自己的积蓄，至少还不是无产者。从恩格斯在《英国工人阶级状况》中的描述，我们可以一窥工人们在没有卷入大规模机器生产前的生活。

> 工人们就这样颇为愉快地度过时光，他们极其虔诚、受人尊敬，过着正直而又平静的生活，他们的物质状况比他们的后代好得多；他们无须过度劳动，愿意做多少工作就做多少工作，但是仍然能够挣得所需要的东西；他们有余暇到自己的园子或田地里做些有益于健康的工作，这种工作本身对他们就是一种休息；此外，他们还能够参加邻居的娱乐和游戏；而九柱戏、打球等等所有这些游戏对保持健康和增强体质都是有好处的。他们大都是些强壮、结实的人，在体格上和他们邻近的农民很少或者甚至完全没有区别。他们的孩子生长在农村的新鲜空气中，孩子们也帮助父母做些事情，但并不是经常性的，当然更谈不到一天工作8小时或12小时。①

由此可以看到，工人们过着平静、淳朴的生活，工人及其家人生活在空气清新的环境中，与自然有着亲密的接触。工人们有着较大的生活自由度，可以自由地安排自己的时间，"至于空闲的时间，他们愿意有多少就有多少，因为什么时候织布和织多长时间是随他们便的"②。他们有足够的闲暇时间，可以自由

---

① 《马克思恩格斯文集》第1卷，人民出版社2009年版，第389页。
② 《马克思恩格斯文集》第1卷，人民出版社2009年版，第389页。

地从事有益身心健康的休闲活动。在平静而悠闲的生活氛围中，工人们"谦虚恭顺"，他们彼此之间，以及和显贵阶级之间都相处的很和睦。他们"过着合乎道德的生活，因为他们那里没有使人过不道德生活的诱因——附近没有酒馆和妓院，而他们有时去解解渴的小饭馆的老板也是值得尊敬的人，这些人大部分是大佃农，店内有好的啤酒和良好的秩序，每天晚上很早就把买卖收了"①。

当然，恩格斯对广泛采用机器生产以前工人生活的描述，其用意是比对并引出下文，重在揭露资本主义大规模机器生产对工人的残酷剥削，及其对工人原有生活的摧毁和破坏。但是，我们从休闲和生态的视角来重读这段文字，不难发现，充裕的闲暇时间，亲近自然的、健康的休闲活动对于工人身体、精神和道德的积极作用。资本主义的野蛮生产方式破坏了的工人原有平静悠闲的生活，将工人卷入"不道德"的资本主义生活中。在非人的劳动和生活条件下，"酗酒"和"嫖娼"成为工人的休闲选择。但是这种选择是无奈的，"资产阶级只留给他们这两种享乐"，他们成了资产阶级制度的牺牲品。"结果是，工人为了从生活中得到点什么，就把全部热情集中在这两种享乐上，过度放纵地沉溺于其中。"② 这些无益健康的休闲活动不仅伤害着工人的身体健康，也在一步步侵蚀着工人的精神世界。

工人有休闲的需求，但是这种异化的休闲对工人来说是一种"自我麻醉""对需要的虚假满足"。酗酒造成了一系列颓废堕落的后果，"我们可以看到酗酒者的各种粗野的表现"，"有些母亲给怀中的婴儿喝酒"，有些酒徒钱花光了，"就跑到最近的一家当铺去，当掉他们仅有的一切"，"夜晚从曼彻斯特走出去的时候，很少不遇到一大批东倒西歪的或躺在水沟里的醉汉"。③ "这个阶级每年花在喝酒上的钱大约 2500 万英镑。因此，酗酒如何使工人的物质生活状况恶化，如何可怕地摧毁他们在精神上和肉体上的健康，如何破坏一切家庭关系，

---

① 《马克思恩格斯文集》第 1 卷，人民出版社 2009 年版，第 390 页。
② 《马克思恩格斯文集》第 1 卷，人民出版社 2009 年版，第 442 页。
③ 参见《马克思恩格斯文集》第 1 卷，人民出版社 2009 年版，第 440—441 页。

那是每一个人都很容易想象的。"① 此外，"许多英国工人的另一大恶习是纵欲"②，这种恶习不仅使工人的道德败坏，也助长了社会的卖淫之风。

工人们这种只顾眼前，及时行乐，不惜损害身心健康的放纵享乐，进一步导致了他们精神的颓废与道德的堕落。而这一状况对于工人家庭也产生灾难性的破坏，引起"无休止的家庭纠纷和口角"，对于孩子的成长来说也是极其不利的，"孩子们就是在这种颓废风气盛行的环境中（他们的父母往往就是这种环境的一部分），在无人管教的情况下成长起来的，又怎能指望他们日后具有高尚的道德呢？"③ 在这种环境下，家庭生活失去了应有的快乐，正常的家庭伦理道德遭到颠覆，而当时英国社会犯罪率居高不下也与此有着密切的关系。

资产者责备工人放纵追求享乐，但是这种放纵享乐正是和资产者有关，工人们并非是自甘堕落，而是没有其他的选择。对此恩格斯尖锐指出：

> 一个付出了艰辛劳动却只能得到极少报酬和最低限度的感官享受的阶级，难道能够不狂热地、盲目地投入这些享受吗？一个自身教育无人关心、自身命运受各种偶然事件支配、自己的生活朝不保夕的阶级，又有什么理由、什么兴趣使自己具有远大的目光，过"有节制的"生活，为了将来的享乐而牺牲眼前的利益呢？况且这种将来的享乐对于这个阶级及其始终动荡、毫无保障的状况来说是很不可靠的。④

休闲在恢复身体疲劳、慰藉心灵、塑造精神等方面都发挥着不可替代的独特作用。但是不当的休闲非但不能发挥这些积极的作用，还会产生诸多不良的后果，异化休闲对工人的身体和精神都是极大的摧残。如果说劳动对工人来说

---

① 《马克思恩格斯文集》第1卷，人民出版社2009年版，第441页。
② 《马克思恩格斯文集》第1卷，人民出版社2009年版，第442页。
③ 《马克思恩格斯文集》第1卷，人民出版社2009年版，第443页。
④ 《马克思恩格斯文集》第1卷，人民出版社2009年版，第442页。

是肉体的折磨、精神的摧残，成为一种完全外在的异己的力量，那么对这种折磨和摧残的抚慰就需要在休闲中获得。但是，一方面，对很多工人来说，因为没有休闲的时间条件和物质基础，而被客观剥夺了休闲的权利，休闲成为一种奢侈的愿望；另一方面，一些工人即使拥有了从事休闲活动的时间和微薄的物质基础，然而在"资本"控制的环境下，休闲也成为一种被外在力量主导的"强制性"行为，失去了自由属性的休闲就不能算是真正的休闲，自然也就失去了其具备的恢复身心疲劳、塑造精神等基本功能。当休闲也成为一种异己的力量的时候，工人就彻底失去了自由，沦为牲口。正如恩格斯指出的："工人因受到资产阶级粗暴野蛮、摧残人性的对待而变成像水一样缺乏意志的东西，他也同样必然地受自然规律的支配——到了某个一定的点他就会丧失一切自由。"①失去了自由的工人又怎么能从自然中获得享受，又怎么能有从事精神活动的余地，又怎能不沦为牲口呢！

（二）异化休闲所引发的社会生态问题

休闲具有一定的社会功能，"对于维持社会系统是有所裨益的"②。"如果被正确地引导，有组织的娱乐活动可以防止社会动荡与个人堕落的发生。娱乐活动提供了公平竞争、尊重法律与秩序以及培养合作精神的机会。"③ 但若没有被很好利用，休闲就达不到预期的效果，而异化的休闲则会导致负面的效果，进而引发了一系列的社会生态问题。

一方面，休闲自由的异化加剧了资本家与工人之间关系的紧张和对立。自由是休闲的核心要素，休闲自由主要包括休闲时间的自由和休闲选择的自由。但是，在马克思所处的时代，工人被资本家残酷剥削，被迫长时间承担着超负荷的劳动任务，工人既没有休闲的时间条件，也没有进行休闲选择的物质基础。

---

① 《马克思恩格斯文集》第1卷，人民出版社2009年版，第443页。
② 参见［美］约翰·凯利：《走向自由——休闲社会学新论》，赵冉译，云南人民出版社2000年版，第222页。
③ 转引自［美］约翰·凯利：《走向自由——休闲社会学新论》，赵冉译，云南人民出版社2000年版，第223页。

其结果是工人的身体和精神都饱受摧残，休闲需求和许多其他合理且必需的需求一样，得不到正常的满足，甚至被无情扼杀。休闲在调和人际关系，维护社会和谐方面具有积极的作用，但在工业资本主义制度下，工人的无闲与资本家的有闲形成鲜明对比，资本家用以休闲的自由时间的获得是以工人自由时间的失去为代价的。在这样的制度下，工人丧失了可供自由支配的自由时间，在基本的生理生活的时间都难以保证的状况下，自然不可能考虑休闲的时间。不仅是工人本人丧失了可供休闲的自由时间，机器的大规模使用令其家人也同样被卷入资本的浪潮。"工人家庭全体成员不分男女老少都受资本的直接统治，从而使雇佣工人人数增加。为资本家进行的强制劳动，不仅夺去了儿童游戏的时间，而且夺去了家庭本身惯常需要的、在家庭范围内从事的自由劳动的时间。"① 工人及其家人自由时间的丧失，表面上看是他们为了赚取酬劳所"自愿"做出的选择，但其真正的"推手"却是背后隐藏的资本的力量。面对资本的压榨，为了自身生存，他们只能作出这样的选择。

马克思通过对必要劳动、剩余劳动、必要劳动时间、剩余劳动时间的精辟分析，深刻揭露了资本家剥削工人的秘密。工人的劳动时间由必要劳动时间和剩余劳动时间组成，必要劳动时间是工人满足本身存在所需和再生产自己劳动能力所需的时间，而剩余劳动时间是什么呢？我们来看看马克思在1861—1863经济学手稿中的表述：

> 剩余劳动时间是劳动群众超出再生产他们自己的劳动能力、他们本身的存在所需要的量即超出必要劳动而劳动的时间，这一表现为剩余价值的剩余劳动时间，同时物化为剩余产品，并且这种剩余产品是除劳动阶级外的一切阶级存在的物质基础，是社会整个上层建筑存在的物质基础。同时，剩余产品把时间游离出来，给不劳动阶级提供了发展其他能力的自由支配

---

① 《马克思恩格斯文集》第5卷，人民出版社2009年版，第454页。

的时间。因此，在一方产生剩余劳动时间，同时在另一方产生自由时间。整个人类的发展，就其超出人的自然存在所直接需要的发展来说，无非是对这种自由时间的运用，并且整个人类发展的前提就是把这种自由时间作为必要的基础。可见，社会的自由时间的产生是靠非自由时间的产生，是靠工人超出维持他们本身的生存所需要的劳动时间而延长的劳动时间的产生。同一方的自由时间相应的是另一方的被奴役的时间。①

在这段表述中我们至少得到如下信息：其一，资本家所支配的自由时间的获得是以对工人自由时间的占有为基础的。与资本家的自由时间相对应的是工人超强度的劳动时间，工人因过度劳动而丧失的自由时间越多，资本家获取的自由时间就越多。其二，拥有自由时间是人类发展的重要前提，自由时间为人的发展提供了可能的空间。虽然马克思在这里没有提到休闲，但在《资本论》中的一处指出，自由时间是"用于娱乐和休息"的时间，"为自由活动和发展开辟广阔天地"。② 显然，休闲时间是自由时间的重要组成部分，休闲是实现人的发展的重要途径。其三，工人丧失自由时间的同时也丧失了休闲时间。休闲为人的发展提供了广阔的空间，缺少了休闲的调节和滋润，人的劳动活动能力的发展和满足自身需求能力的发展都受到了极大限制，人与人普遍交往的社会关系也得不到正常发展。工人的生活失去了休闲，也就意味着失去了广阔的发展空间。综上，休闲时间是自由时间内含的应有部分，资本家休闲时间的获取是以对工人剩余劳动时间的占有为基础的。也就是说，工人与资本家在休闲时间的占有上存在着对立。资本家获得休闲时间的同时，工人失去了自由时间。资本家在休闲中得到了发展，而工人却在无休的强迫劳动中丧失了发展的机会，而逐渐变得麻木和愚钝。这种异化的休闲关系非但没有促进人与人的普遍交往关系的和谐发展，反而使人与人的关系走向紧张和对立。

---

① 《马克思恩格斯全集》第 32 卷，人民出版社 1998 年版，第 215 页。
② 《马克思恩格斯全集》第 26 卷第 3 册，人民出版社 1974 年版，第 281 页。

另一方面，休闲消费的异化进一步助长了资本（物质）对社会生活的控制。马克思在对人类社会运动和发展的整体考察过程中研究过生产和消费的问题。消费生活是休闲生活的主要组成部分，尤其在当代社会，休闲在很多种情况下表现为一种消费行为。在一定程度上，消费甚至可以左右人们的休闲观念，因此消费是休闲研究不能不考察的重要方面。

通过上文的多处分析，我们看到，"放纵挥霍"是资产阶级生活的显著标签，他们"把丑恶的物质享受提高到了至高无上的地位"，对物质追求的贪婪使他们的休闲消费笼罩着浓厚的物化色彩。"19世纪中叶，随着近代工业经济的迅猛发展，消费主义应运而生——它的准则是——追求体面的消费，渴望无节制的物质享受和消遣，试图以物欲的满足和占有来构筑其心理和精神的需求，把人的价值单一地定位于物质财富的享用和高消费的基础之上。"① 对此，同样出生在19世纪，稍晚于马克思的凡勃伦，在其《有闲阶级论》一书中，对炫耀式、攀比式的休闲消费予以批判。凡勃伦的著作对于我们更加深入地了解19世纪当时社会上流行的，带有炫耀、攀比性质的休闲消费提供了极大的帮助。盲目攀比的炫耀性休闲消费并不是建立在必要的、实际的需求和享受基础上的休闲消费，而是一种被"物质"所左右的异化的休闲消费。在资本主义私有制度下，休闲消费被单向化为对物的简单占有，休闲消费的对象，"只有当它为我们所拥有的时候，就是说，当它对我们来说作为资本而存在，或者它被我们直接占有，被我们吃、喝、穿、住等等的时候，简言之，在它被我们使用的时候，才是我们的"②。对此，马克思认为："一切肉体的和精神的感觉都被这一切感觉的单纯异化即拥有的感觉所代替。"③ 私有制使人们只关注享受与占有，因此也变得愈加"愚蠢而片面"。这种情形也不可避免地渗入到休闲领域。马克思在对私有制进行批判的同时，也间接表达了对以物的占有为目的的异化休闲消费

---

① 陆彦明、马惠娣：《马克思休闲思想初探》，载《自然辩证法研究》，2002年第1期。
② 《马克思恩格斯文集》第1卷，人民出版社2009年版，第189页。
③ 《马克思恩格斯文集》第1卷，人民出版社2009年版，第190页。

的批评。

异化的休闲消费偏离了休闲消费的原初目的。休闲消费过程中的消费原本应该是实现休闲的手段，休闲消费应该是以休闲自身为目的的消费。但是追求体面、无节制的炫耀式、攀比式的休闲消费是建立在对物的无休止享用和高消费基础上的，对物的无节制的挥霍、占有成为目的本身，休闲仅仅是为消费服务的手段。异化休闲消费盛行的直接后果就是加剧了物质对社会生活的控制。反过来，作为社会生活一个重要组成部分的休闲，其活动的展开也越来越依赖和受制于物质。

与此同时，以资本家、贵族为代表的上层社会炫耀奢侈、攀比挥霍的休闲消费生活发挥了不良的社会导向作用，这股奢华浪费之风也在潜移默化影响着以工人等无产者为代表的下层社会的休闲消费。正如有学者指出，"工业资本主义制度不仅仅为社会制造了一小部分既有钱又有闲的'有闲阶级'，更制造出了一个工人阶级。他们最初是被迫工作的，可是后来，他们又被社会上毫无节度的消费风气所诱惑，并且一步步接纳并渴望那种随意挥霍的日子。"① 当炫耀和挥霍性的休闲消费成为整个社会竞相效仿的"规范"时，就会为了许多并不真正需要的东西而进行大量不必要的生产。相应的，过度的劳动生产加剧了休闲自身生态系统运行的恶化。一方面，过度的劳动生产破坏了休闲进行的时间基础。过度的劳动生产会挤占劳动者更多的自由时间，自由时间是休闲赖以展开的时间基础，没有相对自由的时间，休闲活动便无从展开。另一方面，过度的劳动生产破坏了休闲展开的自然基础。过度的劳动生产必定要消耗更多的物质生产资料，这不仅造成地球资源的紧张，对自然环境也是极大的破坏，而丰富的自然资源、优良的自然环境为休闲活动的展开提供良好的自然基础。

（三）异化休闲与自然生态问题的加剧

在马克思看来，"自然是人的无机的身体，人靠自然界生活"。异化劳动从

---

① ［美］杰弗瑞·戈比：《你生命中的休闲》，康筝译，云南人民出版社2000年版，第38页。

人那里夺走了"人的无机身体即自然界",造成了自然对象的丧失,使人成为非对象的存在者。"而非对象性的存在物是一种非现实的、非感性的、只是思想上的即只是想象出来的存在物,是抽象的东西"①,是不存在的。因此,异化劳动导致了人的自然性存在的失去,使自然界同人相异化,造成人与自然关系的紧张与对立。而异化休闲是异化劳动的直接后果,异化休闲的存在进一步恶化了人与自然的关系,加剧了自然生态问题。

马克思在《资本论》第一卷第二十四章《所谓原始积累》中,通过翔实的调查数据和严密的分析论证,揭露了资本原始积累的秘密。为了进行资本的原始积累,新兴资产阶级和新贵族通过暴力手段将农民从土地赶走,也因此出现了"羊吃人"的悲剧。在利益的诱使下资本家运用强制的力量将农民四处驱逐,把农民的土地转化为牧羊场。但是资本家逐利的步伐是不会自行停止的,当"他们嗅到其中有某种有利可图的东西"的时候,"一部分牧场又转化为狩猎场"。马克思在这一章的一段引文中提到了"鹿林",在这里"鹿林"指的就是贵族、资本家的狩猎场。之所以大量建造"鹿林","一方面是出于时髦,贵族的欲望,打猎的爱好等等;另一方面,他们做鹿的交易只是为了牟取利润"②。马克思在对资本家贪婪的逐利行为进行猛烈抨击的同时,也对贵族、资本家不惜强占大片土地,为了狩猎的爱好而将肥沃的土地变荒野的所谓"高贵"情欲的休闲行为进行了严厉的批评。"鹿林"虽然称之为林,但是"在苏格兰的'鹿林'中没有一棵树木","连造林也谈不上"。鹿群驱赶人群,为了"供少数人在每年一个短时期内用于狩猎消遣",原本富饶广阔的耕地、牧场变为荒地,"强制性的荒芜"既严重损害了农村劳动者的利益,又人为破坏了原有的自然资源。

显然,马克思在这里所批判的"狩猎消遣"是一种异化的休闲。这种休闲活动的开展是建立在强占农民赖以生存的土地基础上的,也违背了自然界完整

---

① 《马克思恩格斯文集》第1卷,人民出版社2009年版,第211页。
② 《马克思恩格斯文集》第5卷,人民出版社2009年版,第840页。

的新陈代谢循环。原本大片肥沃的适于耕作或放牧的土地为了少数贵族、资本家狩猎的爱好而变成荒野。我们来看一下马克思所引用的1866年6月2日出版的一期伦敦《经济学家》杂志的报道：

> 包括苏格兰某些最肥沃的地区在内的200万英亩土地完全变成了荒地。格伦蒂尔特的野草是珀斯郡最富于营养的牧草之一；本奥尔德的鹿林曾是巴德诺赫广大地区内的最好的草地；布莱克山森林的一部分曾是苏格兰最适宜放牧黑脸羊的牧场。为了狩猎爱好而变成荒野的土地面积，比整个珀斯郡的面积还要广阔得多，从这个事实我们可以想象出，这种荒野的面积究竟有多大了。①

由此，我们看到，资本家所关注的只是土地的经济价值，完全忽视土地的生态价值以及土地生态系统的整体性。马克思在谈及农业的改良方法时，曾提出"把休闲的土地改为播种的牧草"②。在这里，我们似乎并不能将这句话理解为马克思只关注农业生产而忽视休闲享受。从马克思当时所处的时代背景以及他曾引用的《经济学家》杂志的报道来看，将大片被少数人占据并较少利用，甚至已经荒芜的休闲之地改为牧草之地，更利于维护社会发展的整体利益，更利于保护土地生态系统的整体性，更利于保持自然界完整的新陈代谢循环。与此同时，这句话表达的含义与马克思一贯表达的对非生态休闲方式的否定之意是契合的。

从马克思关于休闲的间接论述中，我们不难发现，其中含有体现生态休闲内涵的内容。在资本主义工业文明时期，资本家所推崇的奢侈挥霍、纵欲无度的休闲生活方式是马克思一贯批评与反对的。奢侈、纵欲都与浪费密切相关，在资本主义工业文明下，大量商品被生产、被消费、被废弃已经形成一个基本

---

① 《马克思恩格斯文集》第5卷，人民出版社2009年版，第842页。
② 《马克思恩格斯全集》第47卷，人民出版社1979年版，第599页。

的生活模式。正如波德里亚在《消费社会》一书中指出的:"消费社会需要商品来存在,但更确切地说,需要摧毁他们。……商品只有在破坏中才显得过多,而且在消失中才证明财富。"① 处于上层社会的贵族、资本家们正是通过浪费来证明他们与众不同的优越感,而其影射到休闲领域,就使得奢侈式、炫耀式休闲大行其道。上层社会存形去义的异化休闲方式对整个社会的休闲生活方式都具有较强的暗示、导向作用,它就像病毒一样迅速传染给下层社会。而超出正常需求的奢侈、纵欲的休闲方式不可避免地加剧了对自然资源的掠夺和对自然生态环境的破坏。奢侈浪费的异化休闲不但导致了不合理需求的激增,导致自然资源的巨大浪费,而且异化的休闲方式偏离了休闲的生态本质与休闲目的本身,影响甚至改变着人们的休闲生活态度和休闲生活方式。

总之,通过上文的分析我们看到,过度的、不当的异化劳动破坏着我们生存于其中的自然环境,消解着我们赖以生存的自然资源。异化休闲是异化劳动的直接后果。异化休闲对人的精神生态、社会生态、自然生态都具有消极的破坏作用,其本身偏离了休闲原本应该具有的修复人与自然关系的生态属性,是缺乏生态属性的休闲。异化休闲进一步加剧了由异化劳动所引发的生态问题,也使休闲活动自身陷入非生态的恶性循环。因此,消除异化休闲,回归休闲的生态属性尤为必要。

---

① [法] 让·波德里亚:《消费社会》,刘成富、全志刚译,南京大学出版社2008年版,第26—27页。

第四章　马克思生态休闲思想的指认与解读[①]

上一章以马克思的劳动学说为切入点，从劳动与休闲的关系入手，探讨了异化劳动、异化休闲与生态之间的关系，让我们看到了马克思休闲思想背后隐含的生态意蕴，但这还不足以说明缘何用"生态"一词来修饰和限定马克思休闲思想。因此，本章继续以文本为依托，从生态维度进一步深化考察在马克思"批判旧世界"和"发现新世界"的理论成果中隐喻的休闲思想，多方面指认和解读马克思生态休闲思想。

一、马克思生态休闲思想的主要内容

在马克思博大精深的理论体系中，并没有针对休闲问题的直接阐述，其休闲思想是隐喻在马克思理论的深层逻辑之中。马克思没有直接研究休闲问题也有着特殊的时代原因。马克思所处的时代，正值欧洲社会发生重大变革，社会生产方式发生巨大转变，工业资本主义蓬勃发展，劳动文化占据强势主导地位，在这样的时代背景下，休闲问题自然难以成为重要社会问题被直接关注。但是，

[①] 文中多处阐述了马克思休闲思想的生态意蕴，在这里笔者借助于"生态休闲"这一用语，把马克思思想体系中隐含的具有积极、健康、文明价值导向的，具有较高休闲层次的，有利于人全面发展的休闲思想称为马克思生态休闲思想。生态一词分狭义和广义两种理解，狭义角度理解，常专指自然生态；广义的生态是指生态的概念在自然科学与人文社会科学等各个领域的延伸。本书使用的"生态"一词是指广义上的生态，主要聚焦于自然生态、精神生态与人文生态。

没有直接关注并不等于对休闲问题思考的缺位,正如马克思把生活看作是一切实证科学的本源,休闲作为生活的一个重要组成部分,是其整个理论逻辑框架不可或缺的支撑基点。无论是对人与自然关系的讨论、自由时间的阐述,还是对人的自由全面发展的论述,都可以读出背后隐喻的休闲思想,且含有丰富的生态意蕴。

（一）人与自然的关系是马克思生态休闲思想论证的重要领域

从生态学视角来看,休闲是一个由多重层次和多种要素之间的密切联系、彼此影响、相互制约所构成的系统。这个休闲总系统平衡状态的维持依赖于休闲主体、休闲活动、休闲资源等系统内各个子系统及其组成要素之间顺畅地互动循环。其中,自然资源是休闲活动赖以展开的物质前提和基础,休闲主体与生态资源、自然环境的关系直接影响着休闲生态系统的平衡。考察马克思生态休闲思想,必然离不开对人与自然关系的分析。

当代英国最具代表性的新马克思主义研究理论家特里·伊格尔顿曾经这样评价过马克思:"维多利亚时代的思想家很少有人能像他那样惊人地预言了现代环保主义。"① 确实,马克思在对人与自然关系的论述分析中提出了一系列具有生态学意义的观点:"自然界,就它自身不是人的身体而言,是人的无机的身体。人靠自然界生活。这就是说,自然界是人为了不致死亡而必须与之处于持续不断的交互作用过程的人的身体。所谓人的肉体生活和精神生活同自然界相联系,不外是说自然界同自身相联系,因为人是自然界的一部分。"② 这些观点通过对人与自然之间辩证统一关系的分析,明确了人的自然属性,强调了自然对于维持人的肉体生存与精神存在所必不可缺的价值。而休闲,无论是从存在状态的角度将其理解为一种心理感受、精神活动,还是从实践活动的角度将其理解为一项具体的生活实践,其展开都离不开对自然的依赖。人们对于自然有

---

① [英] 特里·伊格尔顿:《马克思为什么是对的》,李扬等译,新星出版社2011年版,第224页。

② 《马克思恩格斯文集》第1卷,人民出版社2009年版,第161页。

一种天然的亲切感，在自然的怀抱中很容易获得心灵的平静和内心的慰藉。

与此同时，良好的自然环境为休闲实践活动的开展提供了基本的环境保障，甚至为休闲展开创设更好的时间基础。马克思在《资本论》中论及资本主义生产方式对自然的支配时，曾以亚洲群岛东部一些岛屿上的居民生活为例，指出："自然的恩惠直接给予他的，是许多闲暇时间。"① 虽然在文本的语境中，马克思探讨的不是休闲问题，但从语句表述所包含的内容不难看出，马克思认为生活在良好自然环境中的人们可以拥有更好的从事休闲的时间条件。但是马克思也很严肃地揭示了这样一个残酷的现实："如果那里出现了资本主义生产，这个诚实的人为了占有一个工作日的产品，也许每周就得劳动6天。"② 即自然的恩惠在贪婪的资本面前也不得不退缩。

人类活动不遵循自然发展规律和不合理的社会制度是马克思所揭示的人与自然关系不协调的两大原因。对此，恩格斯也发出警告："我们不要过分陶醉于我们人类对自然界的胜利。对于每一次这样的胜利，自然界都对我们进行报复。"③ 人与自然关系的不协调也直接导致休闲过程中人与自然关系的不和谐。由于人们对人与自然关系的不正确认识，休闲过程中不尊重自然的不当休闲行为时有发生。休闲原本具有生态属性，在调节人类劳动节奏、修复人与自然关系方面都发挥着积极的作用。但是不尊重自然、不符合自然规律的休闲行为不但不能发挥休闲所承载的调节劳动节奏、修复人与自然关系的重任，反而会极大地破坏自然并加剧人与自然关系的紧张。当休闲失去了其生态属性，异化休闲便随之而生。

异化休闲与异化劳动密切关联，正如劳动与休闲的关系犹如一枚硬币的两面，须臾不可分离，异化劳动是探究异化休闲的重要切入口。马克思认为，人的活动是造成自然异化的主要原因。劳动与休闲是人的活动的两个重要方面。

---

① 《马克思恩格斯文集》第5卷，人民出版社2009年版，第589页。
② 《马克思恩格斯文集》第5卷，人民出版社2009年版，第589页。
③ 《马克思恩格斯文集》第9卷，人民出版社2009年版，第559—560页。

"异化劳动必然产生自然的异化"①，而异化劳动则催生异化休闲。休闲不仅是对人的身体休整和精神安抚，也发挥着调节人类劳动节奏，减缓过度劳作对自然造成破坏的作用。但是，在资本运作制度下，休闲的生态本质与异化的劳动则形成对立，与异化劳动相适应的则是盲目、攀比、炫耀、物质的异化休闲。异化休闲与生态休闲相比，失去其原本具备的修复人与自然关系的生态属性。异化休闲非但不能承载修复人与自然关系的责任，反而恶化人与自然的关系，进而加剧自然的异化。

在马克思所处的时代，虽然还没有生态、生态休闲这样的术语和概念，但是在马克思的著作中我们却惊讶地发现，已经有了在休闲中要善待自然，体现生态休闲思想的表述。例如，在《资本论》中，马克思在阐述资本原始积累的一个章节中曾引用过罗伯特·萨默斯发表在《泰晤士报》上的《苏格兰高地来信》，对一些贵族"出于时髦，贵族的欲望，打猎的爱好"②强占农民耕地、牧场兴建狩猎场的行为进行了猛烈的抨击。为了满足贵族们所谓"高贵情欲"的休闲活动，以及在资本牟利的刺激下，苏格兰的大片土地被用来兴建"鹿林"。马克思是这样评价"鹿林"的："在苏格兰的'鹿林'中没有一棵树木。人们把羊群从秃山赶走，把鹿群赶上秃山，并称此为'鹿林'。因此，连造林也谈不上！"③ 狩猎场地的野蛮扩张使"包括苏格兰某些最肥沃的地区在内的200万英亩土地完全变成了荒地"④。在这里，马克思很自然地表达了一种生态休闲的思想。而马克思在一百多年前所谴责的破坏自然生态兴建"鹿林"的情形，在当今的旅游开发热潮中也可以看到相似的情形。一些自然生态景区在经济利益的驱动下，不顾景区的整体生态与动植物的正常生命周期，大兴土木，盲目扩张，不惜破坏原有的自然生态环境。虽然事件的本质不同，不能简单等同，但对自

---

① 方世南：《马克思环境思想与环境友好型社会研究》，上海三联书店2014年版，第102页。
② 《马克思恩格斯文集》第5卷，人民出版社2009年版，第840页。
③ 《马克思恩格斯文集》第5卷，人民出版社2009年版，第840页。
④ 《马克思恩格斯文集》第5卷，人民出版社2009年版，第842页。

然环境所导致的破坏后果是相同的。例如，长白山自然保护区，动用大量土石方扩建保护区内道路，砍伐大片岳桦林修建停车场和宾馆，苔原景观不同程度遭受破坏，致部分地段竟有水土流失现象发生。有"人间仙境"美誉的四川九寨沟自然保护区，也曾一度出现过森林砍伐过量，水土流失加重的情形。加之缺乏科学管理，游人蜂拥而至，过重的旅游负担，使景区脆弱的生态环境不堪重负。数量巨大的游客不断涌入景区引发了许多生态问题：其一，游客数量的攀升促使一些景区不经科学规划就盲目建设。景区周围依山傍河疯狂扩建的食宿、娱乐等配套服务设施极大破坏了原有的自然生态环境。其二，过多数量的游客的涌入影响了景区内动植物的正常生长。动物原来正常觅食、繁殖的生存地被旅游设施人为分割成许多部分，造成许多动物个体迁徙或死亡，一些林木被游客践踏破坏。其三，一些游客的不文明行为使景区的自然环境遭到破坏。在一些景区，游客离开后留下的是数量惊人的食、住、行所产生的废水、废气和生活垃圾。旅游原本是一种很好的休闲形式，特别是这种与大自然亲密接触的旅游活动，可以让人在欣赏自然美景，感叹大自然的鬼斧神工之际，获得身心愉悦放松，增进人对自然的热爱之情。但是，如织的游人，拥挤的景区，过度商业开发的游览项目，使得游客的旅游体验大打折扣，与自然亲密接触的范围被严格限定，整个游玩过程紧张而浮躁。失去生态属性的旅游不能称为真正意义上的休闲，顶多称之为走马观花的游玩。在技术上，将景区的游客数量控制在一个合理范围内是完全可以做到的，但在巨大经济利益的诱惑下，当生态环保与门票收入发生冲突的时候，很多景区会不约而同地将利益的天平倾向门票收入。由此，可以看到，马克思关于正确处理人与自然的关系，善待自然的思想对于我们合理调节在休闲领域中人与自然的关系具有极为重要的指导意义。通过对马克思异化劳动理论及理论阐述过程中涉及的异化休闲现象的分析，我们也认识到，异化休闲的产生有其制度上的原因，休闲异化的扬弃必须进行制度的变革。

　　从生态学视角对马克思关于人与自然关系的论述进行深入耕读不难发现，

马克思在论述人与自然关系过程中涉及的休闲问题含有丰富的生态意蕴，这也成为我们从生态维度解读马克思休闲思想的直观依据。而重新审视马克思休闲思想中的劳动休闲观、自由时间理论、人的全面发展理论，我们发现其中涉及的休闲问题都有一个积极、健康、文明的价值导向，承载着修复人与自然关系的责任，有利于促进人的自由全面的发展。正如前文所述，"生态"一词如果从广义上理解，常常用来指称和修饰那些自然的、美好的、健康的、合规律的、和谐的事物。因此，本书借助"生态休闲"这个术语，将凸显这种生态特点的、具有生态属性的马克思休闲思想概括为"马克思生态休闲思想"，这也是从生态维度对马克思休闲思想进行解读的一项尝试。将马克思休闲思想概括为"马克思生态休闲思想"，除了文中提到的凸显马克思休闲的生态特点外，还基于突出马克思休闲思想的积极的价值导向与其所代表的具有生态属性的先进休闲价值观。

休闲的普遍享有与价值观的转变是一个漫长、渐进的过程。虽然我们正在步入休闲社会，符合时代特点的先进休闲观也得到宣扬，但相当一部分人对休闲的认知还停留在传统阶段。片面化的理解窄化了休闲的内涵，而受物质主义、享受主义等不良社会思潮的影响，休闲在某些方面甚至呈现出异化状态。马克思休闲思想所体现的具有积极、健康、文明价值导向的休闲观与历史上以往时期的一些休闲价值观有着本质的不同，为了更好地阐述这个问题，有必要对休闲发展的历史做一简单回顾。由于休闲一词最早源于古希腊，西方休闲发展的思想脉络更为清晰，休闲研究更具系统化和理性化，所以此处暂以西方休闲发展史为对象，比对不同历史时期休闲观念的异同。古希腊时期，休闲被认为是自由人的人生基础，是人存在的一种理想状态，是杰出人物的崇高生活方式。休闲并非是单纯时间意义上的使用。古希腊时期的休闲思想与现代的休闲思想在某些方面具有基本一致的地方，但其严重的局限在于休闲只能被少数贵族等特权阶级所享有。古罗马对休闲的理解与古希腊有所差异，大众消费性休闲更为盛行，但也仅限于有闲阶级和富裕阶层。中世纪时代，休闲活动受制于宗教，劳动被认为是神圣的，而休闲是世俗的，这一阶段劳动被赋予了新的意义和价值。文艺复兴、宗教改革时期，休闲的自由性与独立性得到了彰显，文艺复兴促进了平民的休闲自由，但是宗教改革强化了劳动至上的工作伦理。近代工业革命以后，伴随资本主义制度的确立与发展，以资本家为代表的"有闲阶级"与工人为代表的"无闲阶级"形成鲜明对比。工人虽然名义上与资本家一样，拥有自由，享受休闲的权利，但实际上受制于自由时间与物质条件，工人休闲的价值主要体现在保障生产劳动的持续进行。进入20世纪，资本主义社会发生深刻变化，随着新兴产业的崛起，资本家经营和管理方式的改变，工人收入得到普遍提高，休闲时间逐渐增加，休闲空间不断扩大，这些转变使休闲大众化得以可能，也促成了大众休闲的快速发展。资本主义社会工人休闲状况得到极大改善的同时，我们也必须看到，资本积累的本质并没有变化，大众休闲发展的背后是大众消费被过度宣扬的陷阱。鲍德里亚深刻洞见了这一"消费社会的逻辑"，指出："时间真正的使用价值，即休闲无望地试图恢复的那种价值，就是被消磨掉……在我们的生产与生产力系统中，人们只能赚取自己的时间：这种命定的必然沉重地压在了劳动之上，也压在了休闲之上。"① 时间服从于交换价值规律，自由时间成为消费的对象而失去自由的属性，当自由时间不再"自由"，就导致了其与休闲在本质上的疏离。按照鲍德里亚的说法："休闲的深刻要求陷入了无法解决的、绝望的矛盾中"②，进而，导致了一种休闲的异化。

当代社会，随着普遍有闲时代的来临，人们拥有更多的休闲选择。但面对日益丰富且个性化的休闲，因缺乏相应的规范性与规律性，休闲价值观呈现混乱状态，引发一系列"休闲问题"。休闲沦为物质性追求的对象与炫耀性消费的符号。与此同时，休闲引发的自然生态问题也不容忽视。全球生态环境形势的日趋严峻导致休闲赖以开展的自然环境遭受严重破坏，而异化休闲则加剧了对自然生态的破坏，导致人与自然关系的进一步紧张与对立。面对种种现实问题，

---

① ［法］让·鲍德里亚《消费社会》，刘成富等译，南京大学出版社2008年版，第150页。
② ［法］让·鲍德里亚《消费社会》，刘成富等译，南京大学出版社2008年版，第147页。

人们开始反思休闲真正的意义和价值。休闲的本质是什么？休闲的目的是什么？休闲与劳动的关系是什么？休闲是为了劳动，还是劳动为了休闲？当代生态文明背景下又该如何凸显休闲的生态属性，使人类与自然有机交融、共生共存？而这些恰恰正是马克思休闲思想所关注的重要问题，因此本书将马克思的休闲思想概括为马克思生态休闲思想的目的，还在于运用了伦理学中的伦理概念，强调马克思与传统休闲观念的区别，凸显马克思休闲思想的先进性，突出马克思休闲思想具有的积极价值导向。

（二）自由时间的积极利用是马克思生态休闲思想的内涵体现

"自由时间"是休闲研究的核心概念，在马克思著作中有许多关于自由时间的论述。"马克思著作英文版中，休闲一词为 Free-Time，中国译著通常翻译为'自由时间'，而西方休闲学研究者通常将 Free-Time 等同于'休闲'（Leisure）。"[1] 具体而言，自由时间是休闲存在的时间基础，通常休闲活动多是在自由时间内发生的，而在自由时间内进行的活动也常常体现出休闲的意味。虽然不能简单将两者画上等号，但是两者在概念内涵和外延方面有诸多交集。关于马克思的自由时间理论，国内许多学者从休闲的视角专门进行了研究，表达了自己的见解。尽管观点的阐释不尽相同，但至少在以下一点达成基本共识，即自由时间是马克思关于休闲的最直观表述。

在马恩著作中，有很多关于自由时间直接或间接的论述。在其中一个地方，马克思指出："'可以自由支配的时间'，也就是有真正的财富，这种时间不被直接生产劳动所吸收，而是用于娱乐和休息，从而为自由活动和发展开辟广阔天地。"[2] 在这一段的论述中，我们可以获得如下信息：其一，这里的自由时间是不用于生产劳动的非劳动时间；其二，自由时间是用于从事娱乐和休息等自由活动的时间；其三，自由时间为人的发展提供了广阔的空间。从劳动的义务中

---

[1] 参见马惠娣、陆彦明：《马克思休闲思想初探》，载《自然辩证法研究》，2002年第1期。
[2]《马克思恩格斯全集》第26卷第3册，人民出版社1974年版，第280—281页。

摆脱出来的可自由支配的时间、放松、娱乐、个人发展等诸多要素，都与休闲密切相关，是休闲密不可分的组成部分。马克思关于自由时间的论述，涉及了休闲的诸多核心要素，在客观上表达了休闲的内涵。论述虽没有直指休闲，但却在字里行间为我们勾画了一幅休闲的图景，且马克思对自由时间的阐述，与我们今天所理解的休闲时间在很多方面高度契合。也正是在这个意义上，我们认为马克思在著作中对自由时间的使用，客观地表达了休闲的内涵，也自然成为指认马克思休闲思想最重要的依据之一。

对于休闲，人们常常单一地认为它就是一种放松和休息的活动，其存在的目的就是帮助人们恢复体力再去劳动。但是按照马克思休闲思想的理解，休闲时间不仅是用于休息和娱乐的时间，更是自我发展的时间。休闲与作为义务的劳动生产的区别之一在于，它是一种自由的活动。自由是休闲的价值体现，是休闲生活区别于义务劳动生活的本质特征。人们在作为谋生手段的劳动中，受到物质活动必然规律和外在目的的制约，行为主体不得不在狭小的领域内机械地重复单调、枯燥、缺乏兴趣和吸引力的活动。这种活动的进行，需要外在强制力量或自身强制性意志的支配，行为主体常常表现出紧张、压抑、疲倦的精神状态，使人的发展受到了严重抑制。而在自由的休闲状态下，人们能够有足够的空间放飞思想，从事带给自身愉悦、快乐的事情。也正是在这种摆脱了外在束缚与压力的自由、愉快的状态下，人的创造潜能被极大地激发出来，进而获得了发展。

谈及休闲在促进人的发展方面发挥着重要作用，我们通常是从"自由"这个休闲的本质特征出发，关注其所发挥的正向积极作用。但是，在自由时间内所从事的丰富多彩的各种休闲活动是否都可以发挥促进人的发展的作用呢？休闲生活是人的生活的重要组成部分，对于现代人来讲，由于闲暇时间的增多，休闲在我们的生活中占有越来越多的比例，这也注定了休闲形式的越发多元与多样。但我们也应该注意到，休闲除了有类型之分，还有层次等级的区别。例如，"纳什（Jay. B. Nash, 1953）曾经提供了一个从道德角度排列的休闲参与等级序列。在纳什看来，创造性活动（creative activity）是最高级的休闲；而犯罪活动（criminal activity）则位于最低的等级。"① 美国学者杰弗瑞·戈比则把休闲活动划分为放松、消遣、发展、创造、感觉超越五个层次。既然休闲活动有层次之分，那么，不同层次的休闲活动存在优劣之分吗？对此问题，杰弗瑞·戈比教授在其著作《人类思想史中的休闲》一书，单列章节进行了讨论。他从休闲活动的接受度与功能方面对休闲的优劣进行了详尽的分析。通过杰弗瑞·戈比教授的分析，我们看到，很多情况下，的确很难判断一些休闲活动的优劣。比如，我们"无论是考察休闲的活动，还是考察休闲的功能，我们都不能武断地说：哪些活动要更好一些。……我们无法通过一比一的精确方式判定哪一种活动的价值"②。这也是否意味着我们不能对我们选择的休闲活动作出优劣判断呢？显然，在现实生活中并不是这样的。在现实生活中，存在着阅读、唱歌、跳舞、远足等好的休闲方式，但同时也存在着赌博、酗酒、看色情表演、围猎野生动物等不良的休闲方式。那我们好坏判断的标准又是什么呢？身心健康、社会利益、自然环境，这些都是我们判断时需要考虑的因素。一定程度上说，休闲虽然是相对个人化的活动，但是当休闲变成自我放纵、危害社会、破坏环境的消极行为时，就必须遭到谴责、得到限制甚至取消。

　　自由时间是自由的、随意的时间，也是检验道德和伦理判断的基础。这一点表达了我们对环境和未来的关心，也表达了对生物和整个人类的关心；人与人之间的相互关爱也是对自己的关爱。

　　这些都是我们选择活动时作出价值判断的标准。通过这些标准，能够判断某些活动比另外一些活动更好。这些标准也是我们对从内心的爱为核

---

① ［美］杰弗瑞·戈比：《你生命中的休闲》，康筝译，云南人民出版社2000年版，第101页。
② ［美］托马斯·古德尔、杰弗瑞·戈比：《人类思想史中的休闲》，成素梅等译，云南人民出版社2000年版，第261页。

心的休闲所做的决定。①

因此，尽管休闲是一种相对自由的活动，但也不能脱离道德、伦理、法律的限制，而只有遵循一定标准的积极休闲活动才能发挥促进人的发展的作用。

马克思对休闲层次问题也有所关注，在关于自由时间的表述中隐喻了休闲的层次问题②。"自由时间——不论是闲暇时间还是从事较高级活动的时间——自然要把占有它的人变为另一主体，于是他作为这另一主体又加入直接生产过程。"③ 很显然，马克思根据自由时间内从事活动的不同将自由时间分为"闲暇时间"和"从事较高级活动的时间"。而在另一处表述中，我也看到马克思对于休闲活动层次的区分，"如果音乐很好，听者也懂音乐，那么消费音乐就比消费香槟酒高尚"。④ 从休闲所具有的发展功能来说，听音乐这种将文化和艺术相结合的精神产品的消费要比喝香槟这种偏重于单一感官享受的物质消费具有更高的层次。关于马克思休闲思想的相关其他内容，在文章中的其余部分将继续论述，如果将这些内容全部串联起来，从整体上把握，不难发现，以人的发展为目的的马克思休闲思想提倡的是积极的休闲活动，体现的是一种利于身心健康、社会发展、生态环保的积极休闲价值。

从生态学视角来看，促进人的发展的积极休闲活动是一种生态休闲活动。人是社会生态系统的有机组成部分，与此同时，人作为一个生物个体，人体自身也构成一个子生态系统，身和心是维系这个子生态系统平衡的两个重要方面。其中身是指生理组织及其机能；心是指心理或精神活动。身是心的物质基础，心为身的精神保障，两者相互作用，统一于人的实践活动。如前文所述，积极

---

① [美] 托马斯·古德尔、杰弗瑞·戈比：《人类思想史中的休闲》，成素梅等译，云南人民出版社2000年版，第262页。
② 正如上文所述，马克思因其在著作中没有直接使用休闲这个词语，所以对休闲层次问题的阐释是通过对自由时间的论述表达的。
③ 《马克思恩格斯文集》第8卷，人民出版社2009年版，第204页。
④ 《马克思恩格斯全集》第33卷，人民出版社2009年版，第361页。

休闲活动所发挥的正是调节人身心平衡的作用，个人身心的平衡是由个体的人所构成的社会发展平衡的基础。因此，积极的休闲活动对于维护人自身生态系统以及社会生态系统平衡具有重要的生态意义。这也正是笔者将马克思休闲思想更为聚焦地概括为马克思生态休闲思想的重要原因之一。

综上，马克思生态休闲思想所表达的休闲内涵体现出一种积极的价值观，即休闲活动不是对自由时间的简单占有，而是对自由时间的一种积极运用，对自由时间的积极利用体现了马克思生态休闲思想的重要内涵。

（三）人的自由全面发展是马克思生态休闲思想追求的价值旨归

"自由"是马克思人的自由全面发展理论的核心概念，也是休闲研究的重要范畴。对隐喻于马克思文本中的生态休闲思想进行指认，自然离不开对马克思人的自由全面发展理论中"自由"概念的考察。那么，什么是自由？从字面意义上理解，自是自己，由是顺从、听从。比较直观地表达就是按照自己的意愿决定自己的行为。因此，自由也常常被理解为是与自主、自立、自愿等同的概念。但是，如果想给自由下一个确切的定义，纵观人类思想史，会发现这是一件很困难的事。究竟何谓自由，一直众说纷纭，关于自由的定义更是多种多样，不尽相同。有学者指出，关于自由的说法竟有200余种之多。[①] 由于自由的含义十分丰富，对自由的含义也不能机械地做单一理解，不同语义与情境下的自由应当有所辨别和区分。例如，与"违法"等概念相对的法律意义上的自由，和与"统治""压迫"等概念相对的政治学意义上的自由，虽然都是相同的用语，但表达的不是相同的概念。马恩文本中关于自由含义的表述是指认与解读马克思生态休闲思想的重要依据。人的自由全面发展是未来人类理想社会的一种价值建构，是人类解放的最高价值诉求，因此，准确把握马克思人的自由全面发展理论中"自由"的含义，对于全面考察马克思生态休闲思想具有重要的意义与独到的价值。

---

① 王海明：《新伦理学》，商务印书馆2002年版，第407页。

人的自由全面发展理论是马克思主义的重要理论，对自由与发展问题的关注始终是其理论探索与实践探究活动的基本线索。在马克思人的发展理论视域中，"自由"与"全面发展"是两个密切关联的概念，自由是人的全面发展必不可少的条件，缺少自由，人的全面发展也无从实现，而自由的获得也恰恰是以实现全面发展为目的的。一定意义上说，虽然"'全面发展'与'自由'是不同的用语，却是同一的概念。自由就是能够不被局限在谋生的活动中而能在各个领域从事创造性的活动以全面发展人的本质能力，而全面发展本身是一种自由的活动。"① 人的自由全面发展理论语义中的"自由"是出于发展自身本质能力的自主、自愿的行为，这与资本主义制度下工人可以自由出卖自己劳动力的"自由"有着本质的不同。工人自由出卖劳动力表面看来是工人自愿的行为，但其行为的目的是生存，而非发展自己的本质力量，是受社会条件限制不得已为之的行为。对于这种资本主义自由竞争制度下的个人"自由"，马克思认为：

  这不过是在有局限性的基础上，即在资本统治的基础上的自由发展。因此，这种个人自由同时也是最彻底地取消任何个人自由，而使个性完全屈从于这样的社会条件，这些社会条件采取物的权力的形式，而且是极其强大的物，离开彼此发生关系的个人本身而独立的物。②

由此观之，所谓资本主义自由竞争制度下的自由，与马克思展望的共产主义制度下的自由相比，只是形式上的自由，并不是以自身发展为目的的真正的自由。这种自由在一定程度上非但不能促进人的全面发展，反而还会阻碍人的全面发展。

---

① 王金福：《马克思"人的自由全面发展"思想的学科视界和历史观视界》，载《山东社会科学》，2014年第4期。
② 《马克思恩格斯文集》第8卷，人民出版社2009年版，第180—181页。

为什么说自由会促进人的全面发展？在真正自由的状态下，人的创造性等潜能会被更多、更充分地激发并实现。人的潜能实现得越充分，社会的物质财富和精神财富便越丰富，社会便越繁荣进步，每个人的需求也会得到越加充分的满足，需求的满足为发展创造了基础条件，进而全社会和每个个人才会获得更全面的发展。这也说明了为什么全面发展本身也是一种自由的活动，而以人的全面发展为价值诉求的自由才是马克思所追求的真正的自由。

马克思在其著作中虽然没有正面而直接地论述休闲问题，但马克思关于自由观点的阐述是指认马克思休闲思想的另一重要依据。休闲与自由是密切相关的，休闲本身就是一种自由的活动，例如我们在对休闲进行定义的时候，常常用到"自由时间""自由活动""自主""自愿"等用语，没有自由就没有休闲，自由是休闲研究的重要范畴。可以说马克思的自由观从一个侧面反映了马克思的休闲观，是指认和解读马克思休闲思想的又一重要依据。

休闲离不开自由，休闲也是自由的体现，但现实休闲的多样性与多层次，以及现实社会条件的限制也决定了休闲只能是一定情况下的自由。马克思指陈，资本主义制度灌输给人们对物的崇拜的价值观影响和制约着人们的休闲。休闲原本应该是躲避这种经济关系的强制力量的相对自由的空间，但在资本主义制度下，休闲已经被"商品化"所扭曲，成为经济和政治控制的工具。正如在《资本论》中马克思对"商品拜物教"的描述："商品世界的这种拜物教性质……是来源于生产商品的劳动所特有的社会性质。"[1] 在这种商品决定商品生产者命运的社会主制度中，工人的生活被极度异化，丧失了基本的自我生存状态。资本无限度地追逐剩余价值，"侵占人体的成长、发育和维持健康所需要的时间"[2]，这其中也包括休闲的时间。在这样一种生存状态下，"个人受教育的时间，发展智力的时间，履行社会职能的时间，进行社交活动的时间，自由运用体力和智力的时间，以至于星期日的休息时间（即使是在信守安息日的国家

---

[1] 《马克思恩格斯文集》第 5 卷，人民出版社 2009 年版，第 90 页。
[2] 《马克思恩格斯文集》第 5 卷，人民出版社 2009 年版，第 306 页。

里),——这全都是废话!"① 在资本的影响下,当休闲也以物品的所有和控制来衡量时,休闲就在一定程度上失去了应有的自由与意义,成为对占有、控制和地位的欲望。尤其是在资本主义制度下,人们的休闲活动受制于被强制灌输的对物的崇拜的价值观,休闲被"商品化"所扭曲而失去原本应具有的相对独立自由的空间,呈现出一种异化的状态。马克思对这种不合理的"物化"休闲进行批判的同时,也从历史唯物主义的视界客观地指出这种异化休闲存在的社会历史原因,指出这种休闲的异化是在人类历史发展进程中,受一定社会历史原因限制而存在的人类生存状态。"异化的发展为异化的消除即人的自由全面发展创造着条件。"②

马克思曾将人类的生存状态划分为以下三个阶段:

> 人的依赖关系(起初完全是自然发生的),是最初的社会形式,在这种形式下,人的生产能力只是在狭小的范围内和孤立的地点上发展着。以物的依赖性为基础的人的独立性,是第二大形式,在这种形式下,才形成普遍的社会物质变换、全面的关系、多方面的需要以及全面的能力的体系。建立在个人全面发展和他们共同的、社会的生产能力成为从属于他们的社会财富这一基础上的自由个性,是第三个阶段。第二个阶段为第三个阶段创造条件。③

按照马克思历史唯物主义的观点,人的自由全面发展的生存状态是人类更高层次的生存状态,现代社会也正是朝着这样的方向不断向前发展的。但是马克思也指出,在没有实现人的全面发展的生产力不发达条件下的生存状态是异

---

① 《马克思恩格斯文集》第5卷,人民出版社2009年版,第306页。
② 王金福:《对马克思关于实现人的自由全面发展理论的再思考》,载《南京政治学院学报》,2010年第5期。
③ 《马克思恩格斯文集》第8卷,人民出版社2009年版,第52页。

化的。"马克思在创立历史唯物主义时,用'异化'和'自由全面发展'这两个术语来指称人的两种不同性质的生存状态。在'异化'生存状态下,人们的活动被限制在一定的领域,且受自己的活动及其结果的控制;在'自由全面发展'生存状态下,人们的活动不再被限制在某种特殊的领域,人们不再受自己的活动及其结果的控制。"① 人们可以自由选择并有足够的能力驾驭相应的活动,正是由于人的活动有了更自由的选择,因此人的能力也获得了更为全面的发展。马克思、恩格斯在论及这两种生存状态时指出:

> 只要人们还处在自然形成的社会中,就是说,只要特殊利益和共同利益之间还有分裂,也就是说,只要分工还不是出于自愿,而是自然形成的,那么人本身的活动对人来说就成为一种异己的、同他对立的力量,这种力量压迫着人,而不是人驾驭着这种力量。原来,当分工一出现之后,任何人都有自己一定的特殊的活动范围,这个范围是强加于他的,他不能超出这个范围:他是一个猎人、渔夫或牧人,或者是一个批判的批判者,只要他不想失去生活资料,他就始终应该是这样的人。而在共产主义社会里,任何人都没有特殊的活动范围,而是都可以在任何部门内发展,社会调节着整个生产,因而使我有可能随自己的兴趣今天干这事,明天干那事,上午打猎,下午捕鱼,傍晚从事畜牧,晚饭后从事批判,这样就不会使我老是一个猎人、渔夫、牧人或批判者。②

马克思所描述的在共产主义社会里人们可以自由支配自己活动及其结果的场景也正是一种理想的休闲状态。正如"直接的劳动时间本身不可能像从资产

---

① 参见王金福:《对马克思关于实现人的自由全面发展理论的再思考》,载《南京政治学院学报》,2010 年第 5 期。
② 《马克思恩格斯文集》第 1 卷,人民出版社 2009 年版,第 537 页。

阶级经济学的观点出发所看到的那样永远同自由时间处于抽象对立中"①。在这样一种状态下，劳动与休闲不再是对立关系，而是很融洽地结合在一起，劳动与休闲的界限变得模糊甚至消失，劳动中有休闲，在休闲中劳动。此时休闲的自由是真正的自由，而非凌驾于形式之上的自由。休闲真正以自身为目的，不再是一种被外在力量所影响和决定的被动选择，也不再是被简化为一段非工作时间内可以花费或使用的商品。

当然，受当前社会生产力发展水平的限制，现有的社会休闲实践还达不到马克思所描述的理想状态，但人的自由全面发展状态下的休闲是现有休闲实践的至高追求。马克思生态休闲思想所传达的积极价值正是指向人的自由全面发展这一终极价值的，而判断休闲行为是否具有生态性的标准，也要参考其是否有利于促进人的自由全面发展这个重要指标。

正如我们所知，休闲有积极正面的休闲，也有消极负面的休闲。例如，休闲层次理论的提出者纳什将赌博、酗酒、犯罪等反社会的消极负面休闲行为置于六个层次的最底层，而将绘画、作曲、写作等创造性参与的休闲行为置于最高层。创造性是激发人的潜力，促进人的全面发展的重要条件。"人与世界的积极关系（即马克思所指的'生产性生活'）是人性的根本所在，个人将这种创造性生活'当做一种必要、一种需求，没有它就不能实现、满足以及完成我的本质'（Marx, 1932: 184）。"② 休闲是一种能很好激发人创造性的活动，马克思文本中隐喻的生态休闲也正是纳什置于休闲最高层次的具有创造性的休闲。而对于能激发人创造性的休闲活动所具有的在改变自身并促进人的发展方面的作用，马克思指出：

> 自由时间——不论是闲暇时间还是从事较高级活动的时间——自然要

---

① 《马克思恩格斯文集》第8卷，人民出版社2009年版，第203页。
② [美]约翰·凯利：《走向自由——休闲社会学新论》，赵冉译，云南人民出版社2000年版，第229页。

把占有它的人变为另一主体,于是他作为这另一主体又加入直接生产过程。对于正在成长的人来说,这个直接生产过程同时就是训练,而对于头脑里具有积累起来的社会知识的成年人来说,这个过程就是［知识的］运用,实验科学,有物质创造力的和对象化中的科学。①

在这里,如果从休闲活动层次的视角来理解和解读这段话,那么与马克思所说的从事较高级活动的时间相对应的,应该是从事生态休闲活动的时间。生态休闲在改变着行为主体自身的同时,也促进了行为主体的多方面发展。在马克思的理论视域中,是否有利于促进人的自由全面发展是判断休闲活动生态与否的重要标准,也是马克思生态休闲思想所追求的价值旨归。

二、马克思生态休闲思想的实现条件

生态休闲作为休闲样态的一种,它的实现也必然是基于一定的时间条件和物质基础,在马克思所生活的年代,饱受资本家剥削的工人过着一贫如洗的生活,既没有足够的闲暇时间来享受休闲,也没有进行休闲活动的物质基础,在这样的情形下,更遑论生态休闲。在对未来社会的展望中,生态休闲作为一种较高层次的休闲,在促进实现人的全面发展方面发挥着不可替代的重要作用,而高度发达的社会生产力为生态休闲的实现奠定坚固的现实基础。

（一）无产阶级休闲权益的保障是马克思生态休闲思想实现的前提条件

马克思和恩格斯很早就确立了为了人类的幸福而工作的理想,也因此对社会弱势群体的境遇特别关注。他们亲眼所见工人饱受资本家剥削的悲惨境遇,也目睹了资本家们占有大量生产资料和社会财富,过着有钱有闲、纵欲骄奢的

---

① 《马克思恩格斯文集》第 8 卷,人民出版社 2009 年版,第 204 页。

悠闲生活。当时英国社会上层阶级的生活是什么样的呢？从恩格斯的描述就可窥见一斑。

"他们在精神上已经萎靡到了什么程度，他们的力量已经消耗到了什么地步。他们的精力、活动、内容已经丧失殆尽；土地贵族终日打猎，金钱贵族天天记账，顶多也只是看看乏味的颓废的书来充实一下自己的悠闲生活。"① 而还有一些享乐主义者，"他们心甘情愿地丢掉人的本性，而去一味追求'幸福'，只想吃得好，喝得好；它把丑恶的物质享受提到了至高无上的地位，毁掉了一切精神内容。"② 这就是他们生活的缩影，也让我们看到了他们无所事事的休闲生活。马克思在其理论阐释中虽然没有直面资本家奢靡的休闲生活，但显然对于这种摒弃精神内容，贪图物质享受的休闲生活是持坚决的批评态度。通过一段对资本家的贪婪和挥霍享受的分析就可以一窥其立场：

> 仅仅供享受的、不活动的和供挥霍的财富的规定在于：享受这种财富的人，一方面，仅仅作为短暂的、恣意放纵的个人而行动，并且把别人的奴隶劳动、把人的血汗看做自己的贪欲的虏获物，所以他把人本身，因而也把自己本身看做可牺牲的无价值的存在物。在这里，对人的蔑视，表现为狂妄放肆，表现为对那可以维持成百人生活的东西的任意糟蹋，又表现为一种卑鄙的幻觉，即仿佛他的无节制的挥霍浪费和放纵无度的非生产性消费决定着别人的劳动，从而决定着别人的生存③。

与上层资产阶级有钱有闲的奢华生活形成鲜明对比的是底层无产阶级无钱无闲的凄惨生活。以工人为代表的弱势群体则一无所有，只能靠出卖仅有的劳

---

① 《马克思恩格斯全集》第1卷，人民出版社1956年版，第626—627页。
② 《马克思恩格斯全集》第1卷，人民出版社1956年版，第636页。
③ 《马克思恩格斯文集》第1卷，人民出版社2009年版，第233页。

动力来勉强维生。"劳动为富人生产了奇迹般的东西，但是为工人生产了赤贫。"① 工人在恶劣的劳动环境中，长时间、超强度地工作所创造出剩余价值被资本家无偿占有。虽然表面上资本家支付了工人工资，并声称工人的劳动是自愿的。但马克思精辟的分析可谓一针见血，直指资本主义工资的本质，揭露资本主义工资制度的欺骗性。

> 工人的需要不过是维持工人在劳动期间的生活的需要，而且只限于保持工人后代不致死绝。因此，工资就与其他任何生产工具的保养和维修，与资本连同利息的再生产所需要的一般资本的消费，与为了保持车轮运转而加的润滑油，具有完全相同的意义。可见，工资是资本和资本家的必要费用之一，并且不得超出这个必要的需要。②

对资本家而言，工人无异于工厂里的机器，润滑油是机器运转所必需的，而工资就是给工人的润滑油。但付给工人的工资数量仅仅限于保持这台人肉"机器"的运转，完全没有顾及工人还是一个完整的人，需要作为一个人而非一台机器去生活。除了工作以外，工人还需要养家糊口，除了劳动，还需要休闲。然而对于工人而言，现实的窘境就是，这样的工资连维持其自身的基本生存都勉为其难，更何谈去满足作为一个健全的人所需要的，除最基本的生存需求外的其他需求。

面对工人被资本家欺诈与剥削的残酷现实，马克思和恩格斯亲自为社会弱势群体的权益奔走呼号，并通过一系列著作对这种不合理的制度进行了严厉的批判与无情的揭露。通过对资本主义制度的深入批判，以及对资本主义生产过程中剩余价值秘密的揭露，我们由其严密论证的理论不难看到这样一个不争的

---

① 《马克思恩格斯文集》第 1 卷，人民出版社 2009 年版，第 158 页。
② 《马克思恩格斯文集》第 1 卷，人民出版社 2009 年版，第 171 页。

事实：资本家获得的利润是建立在对工人自由时间剥夺基础上的，资本家获得的自由发展是以牺牲工人的自由发展为代价的。即"不劳动的社会部分的自由时间是以剩余劳动或过度劳动为基础的，是以劳动的那部分人的剩余劳动时间为基础的；一方的自由发展是以工人必须把他们的全部时间，从而他们发展的空间完全用于生产一定的使用价值为基础的"①。与此同时，通过对马克思相关论述的研读发现，马克思在对旧社会进行无情批判的过程中，无论是在《1844年经济学哲学手稿》中对工人劳动时间的考察，还是在《资本论》中对工作日界限的分析，都将"自由""时间"等概念列入考察范围，而这些概念恰恰也是休闲研究所涉及的核心概念。从这个意义上来说，马克思自觉不自觉地就将休闲问题纳入了他的研究视域。

劳动时间与休闲时间原本是自然统一于人的生命时间里的两个组成部分，但在资本主义制度下，劳动与休闲之间原本应该互为一体的关系被一种外在的力量强行分割，甚至演变成为一种彼此相互对立的关系。更为令人担忧的是，在资本主义制度下走向异化的劳动不但加剧了这种对立，也使休闲湮没在物质主义、消费主义的漩涡中而远离原初的本质，并呈现出越来越多的异化特征。当异化现象已经深入一个社会的内在结构时，休闲自然也难逃被异化的命运，无论是资本家为代表的有产阶层的休闲，还是工人为代表的无产阶层的休闲都笼罩着异化的色彩。这种休闲异化的表现，在凡勃伦1899年出版的《有闲阶级论》一书中可窥见一斑。凡勃伦在书中痛陈有闲阶级炫耀挥霍式的休闲与消费，指出追逐"有闲"本无可厚非，但是与炫耀和挥霍联姻，则形成虚荣的价值观。在虚荣价值观的裹挟下，休闲会偏离应有的生态本质，休闲所具有的恢复自身能量，维护身心健康，促进人的发展的作用被淡化，取而代之的则是休闲成为证明财力、炫耀身份的工具。"有闲阶级的生活特质就是炫耀式的免于一切有用

---

① 《马克思恩格斯全集》第32卷，人民出版社1998年版，第214页。

的劳役。"① 当远离劳动具有了提升声望的作用，成为让人艳羡的行为的时候，在有闲阶级的眼中，劳动与休闲就愈发不能兼容了。这种追名逐利的风气也直接加剧了休闲与劳动的对立，破坏了休闲发展的正常生态。而且有闲阶级的这种虚荣炫耀之风也直接影响甚至左右着下层阶级的生活方式。"有闲阶级制度借着实施财力礼仪的生活方式，并尽可能向下层阶级榨取生活资料这些手段，间接地在民众身上产生了保存财力型特质的作用。其结果是下层阶级被原本应属上层阶级所专有的人类天性类型所同化。"② 面对这种现象，《有闲阶级论》一书的中文译者李华夏教授在导读中的一段评论颇具启发意义："当炫耀性消费成为社会各阶层竞相攀比的规范时，整个社会都会为了自己并不真正需要的东西而制造大量的债务，无论是个人的还是整个社会的（因过量生产所带来的生态浩劫）莫不如此。人类基于仿效及驾驭别人的私欲而做决策的结果恰是马克思所谓的'异化'（Alienation），这减少了人类的福利，包括个体的和总体的福利。"③ 凡勃伦对有闲阶级的解析反映出个体休闲方式受到风俗、习惯、暗示等制度上的非理性力量影响巨大。在资本主义逐利导向价值观下，休闲在修复人与自身、人与社会、人与自然方面发挥的作用在弱化，甚至消失，休闲生态遭到破坏，并呈现出异化样态。可以说，凡勃伦对资本主义制度下的垄断组织及有闲阶级生活方式进行的严厉批评与马克思对于资产阶级奢侈的生活方式、以攫取更多剩余价值为唯一动机和直接目的的资本主义生产方式，以及资本家无休无止地对自然资源的掠夺式开发利用的批判有着异曲同工之处。

马克思虽然没有像凡勃伦一样直接论述休闲问题，但是其劳动批判理论的基底就是劳动时间，看似没有直接论述，实则休闲问题已经隐喻其中。而马克

---

① ［美］凡勃伦：《有闲阶级论：关于制度的经济研究》，李华夏译，中央编译出版社 2012 年版，第 38 页。
② ［美］凡勃伦：《有闲阶级论：关于制度的经济研究》，李华夏译，中央编译出版社 2012 年版，第 178 页。
③ ［美］凡勃伦：《有闲阶级论：关于制度的经济研究》，李华夏译，中央编译出版社 2012 年版，导读第 7 页。

思的论述更为独特的地方在于,"对于众多的限定性概念,马克思所践行的是一种动态逻辑,而非静态的、对定义做分类的逻辑。他所做的不是要给各种事物贴上标签,并把它们排列在字典里,而是要抓住介入运动中的整体的众多社会现象之间的关系。"① 正因如此,马克思理论中蕴含的休闲思想也体现出一种动态的逻辑,对马克思休闲思想的理解也需要抓住多种休闲现象之间的关系,从整体上去把握。一方面,马克思在其批判理论中隐喻了资本主义制度下劳动与休闲的关系。资本主义财富积累对劳动的剥削,使工人失去可用于休闲的自由时间,而资本家为代表的有闲阶层却花费大量自由时间进行炫耀式的休闲,这种鲜明的对比造成了休闲在社会内部的分化和对立。与此同时,休闲赖以展开的自然环境由于过度的社会生产与资源开发而危机频现。另一方面,休闲的作用不仅仅在于降低工作时间以恢复体力或者享受消费,对马克思休闲思想的理解也不能仅仅局限于马克思的批判理论。如果从一个更为宏大的动态的建设性理论框架去探究马克思理论中隐喻的休闲思想,就会发现其中还强调了休闲在全面发展生产者能力过程中所发挥的重要作用,并包括休闲过程中人与自然关系的和谐相处。可见,马克思的休闲思想并非限定在僵硬的定义中,而是蕴含在历时和共时的介入运动的各种社会现象的关系之中,拨开各种社会现象的表象,整体呈现出来的是关于休闲的一个生态网络,也进而彰显了马克思休闲思想的生态价值。

休闲的实现离不开一定的条件,其中自由时间与物质基础是实现休闲的重要条件。生态休闲是休闲的更高层次的存在样态,生态休闲的实现也必然是基于一定的时间条件与物质基础。一方面,自由时间是生态休闲得以实现的时间前提和条件。无论是从事一般的休闲活动还是较高级的休闲活动,都离不开"自由的闲暇时间"这一客观基础,离开了可供自由支配的闲暇时间,休闲活动

---

① [法]丹尼尔·本赛德:《马克思主义使用说明书》,李纬文译,红旗出版社2013年版,第192页。

便失去了得以开展的最起码的时间载体。另一方面，休闲作为生活的一个重要组成部分，休闲活动的展开也离不开生活赖以维持的物质基础。正如马克思、恩格斯所指出的：

> 我们首先应当确定一切人类生存的第一个前提，也就是一切历史的第一个前提，这个前提是：人们为了能够"创造历史"，必须能够生活。但是为了生活，首先就需要吃喝住穿以及其他一些东西。因此第一个历史活动就是生产满足这些需要的资料，即生产物质生活本身，而且，这是人们从几千年前直到今天单是为了维持生活就必须每日每时从事的历史活动，是一切历史的基本条件。①

休闲生活的进行离不开物质的支持，生态休闲作为休闲样态的一种也是生活的有机组成，其活动的展开自然也离不开一定的物质生活条件。

资本家占有了工人的自由时间，榨取了工人创造的剩余价值，以至于一贫如洗的工人既没有休闲的物质基础，也没有享受休闲的时间条件，自然也就等同于被剥夺了休闲的权利。休闲，这个工人生活之中原本应有的组成部分，对于大多数工人而言变成了奢望与空谈。在资本主义社会中，名义上人人享有休闲的权利，但对于工人阶级而言，客观条件限制了他们享有休闲的权益，休闲就变相成为资本家为代表的上层社会的特属权利，也成为一部分人用以炫耀并显身份的资本。但是，倘若休闲仅仅为社会中的部分人所享有，那么休闲就失去了在社会生活中促进人与人之间和谐交往，修复人与自然关系等生态属性，而是在对立、紧张等不协调关系中逐渐走向异化。无产阶级休闲权利的争取与获得是实现生态休闲的逻辑前提，没有可供自由支配的自由时间，

---

① 《马克思恩格斯文集》第1卷，人民出版社2009年版，第531页。

没有基本的物质保障,实现人的幸福与发展就成为水中月、镜中花。由此可以看到,马克思正是在对无产阶级惨遭资产阶级欺压剥削的凄惨境遇的关注与同情中,在对资产阶级骄奢淫逸的非生态休闲生活的批判中指陈了生态休闲问题。马克思理论的锋芒直指资本主义制度下的异化劳动,正是异化劳动催生了异化休闲,让无产阶级工人既失去了休闲的时间条件,也没有了休闲的物质基础。工人休闲的基本权益都得不到保障,那么生态休闲便无从谈起,只能成为一种美好的期望。因此,无产阶级休闲权益问题是马克思生态休闲思想关注的首要问题,无产阶级休闲权益的保障是马克思生态休闲思想实现的前提条件。

(二)社会生产力的发展为马克思生态休闲思想的实现奠定了物质和时间基础

生态休闲作为休闲存在样态的一种,它的实现也必然需要一定的物质基础和时间条件,而且作为一种高级的存在样态,生态休闲的实现对物质生活条件和时间载体提出了更高要求。生态休闲是社会生产力发展到一定阶段,人们普遍享有基本物质保障,拥有更多可供自由支配的闲暇时间,力求得到更全面发展的同时,对更高层次休闲的一种自觉要求。

物质生产活动与休闲活动作为人类社会生活的两个重要组成部分,体现出一种相辅相成的关系,没有物质生产能力为基础很难凸显休闲的自身价值,反之休闲对物质生产能力也有积极的促进作用。同理,生态休闲活动的开展自然也离不开生产活动所提供的物质支持,且生态休闲价值的普及对物质基础提出更高的要求。尽管我们常常重申生态休闲的"非物质化"价值取向,强调马克思持有的对资产阶级奢侈、炫耀、攀比的物欲休闲方式的批判态度,但不能将生态休闲简单等同于一种完全远离物质的纯粹精神活动。尽管有人认为休闲也可以是一种远离物质相对纯粹的自我精神活动或心理状态,但这也只能是极少数人的一种个别休闲体验,抑或是在缺少物质保障情形下的一种无奈选择。马克思一贯认为人类理想社会的实现必然离不开高度发达的生产力。生态休闲作为一种高层次的休闲方式，体现着理想社会休闲的特质，其实现也定然离不开这个必要前提。而且，从人们具体的休闲实践选择来看，推崇精神价值代替物质价值的生态休闲，恰恰是物质生产力发展到一定阶段时人们的一种自发选择。在一些经济高度发达的国家和地区，在不排斥物质生产和消费的同时，精神生产和消费会得到更加推崇。其中凸显自我体验和精神享受的，有利于身心协调、促进发展的，主动融入自然的，具有生态属性的休闲活动会越发受到欢迎，并成为人们的自觉选择。相对于物欲主导的非生态休闲方式对物质的过度依赖和无度索取，生态休闲对物质的依赖并不是无限度的，其合理性在于不过度强调物质的数量和规模，适度需求但不单纯依附于物质，强调追求超越物质的更高层次的精神享受。与此同时，物质生产力的高度发达为每个人的充分休闲奠定了基本的物质基础，反之，每个人的充分休闲对物质生产力的发展也具有积极的促进作用。休闲为人的发展提供了广阔空间，生态休闲在维护身心健康、丰富社会生活、激发创新创造能力等方面都发挥着重要作用。每个人在得到充分休闲的同时也获得了能力的充分发展，而"个人的充分发展又作为最大的生产力反作用于劳动生产力"①。

　　生产力的发展也为生态休闲的实现提供了时间基础。马克思积极肯定了时间在人的发展方面发挥的重要作用，认为"它不仅是人的生命的尺度，而且是人的发展的空间"②。"整个人类的发展，就其超出人的自然存在所直接需要的发展来说，无非是对这种自由时间的运用。"③ 生态休闲实践是人的发展在休闲生活领域的具体体现，时间是人发展的空间，也是生态休闲得以进行的必要载体。没有足够的自由时间，生态休闲的实现就成为一纸空谈。马克思认为："节

---

① 《马克思恩格斯文集》第 8 卷，人民出版社 2009 年版，第 203 页。
② 《马克思恩格斯全集》第 47 卷，人民出版社 1979 年版，第 532 页。
③ 《马克思恩格斯全集》第 32 卷，人民出版社 1998 年版，第 215 页。

约劳动时间等于增加自由时间,即增加使个人得到充分发展的时间。"① 在马克思所展望的未来理想社会中,社会生产力高度发达。

  生产力的增长再也不能被占有他人的剩余劳动所束缚的时候,工人群众就会占有自己的剩余劳动。当他们已经这样做的时候——这样一来,可以自由支配的时间就不再是对立的存在物了——,那时,一方面,社会的个人的需要将成为必要劳动时间的尺度,另一方面,社会生产力的发展将如此迅速,以致尽管生产将以所有的人的富裕为目的,所有的人的可以自由支配的时间还是会增加。因为真正的财富就是所有个人的发达的生产力。那时,财富的尺度决不再是劳动时间,而是可以自由支配的时间。②

在这样的社会,生产力越发达,人们就越有可能拥有更多可供支配的自由时间。"与此相适应,由于给所有的人腾出了时间和创造了手段,个人会在艺术、科学等等方面得到发展。"③

  马克思的理论视域关注的是全人类的解放和发展,因此特别关注劳苦大众的生存和解放。资本主义早期阶段,底层劳动者普遍遭受的境遇是,自由时间被资本家疯狂榨取,劳动产品被资本家大量占有,劳动者既没有休闲的物质基础,也没有休闲的时间载体。劳动者无闲与不劳动者有闲是工人与资本家在休闲方面的真实写照。工人和资本家在休闲上处于一种对立的状态,在资本家看来,休闲对于工人来说是"奢侈"的,不可"饶恕的"。马克思在关注工人饱受资本家剥削缺乏休闲的同时,也注意到不合理的劳闲关系所引发的异化休闲对工人身心的摧残。现实的无奈致使酗酒、纵欲成为一部分工人仅有的休闲选

---

① 《马克思恩格斯文集》第 8 卷,人民出版社 2009 年版,第 203 页。
② 《马克思恩格斯文集》第 8 卷,人民出版社 2009 年版,第 199—200 页。
③ 《马克思恩格斯文集》第 8 卷,人民出版社 2009 年版,第 197 页。

择,马克思将酗酒、纵欲等不良休闲活动称为"堕落的无产者的恶习"。异化休闲是一个"温柔"的陷阱,让工人沉迷于其中难以自拔。

随着资本主义新兴产业的发展,社会生产力不断提高,资本主义走向发生了重要变化。社会化大生产造成资本家对生产的极度疯狂,物质产品前所未有地丰富,琳琅满目的商品堆积如山。相比马克思所处时代,资本家在企业经营和管理方面的理念发生重大变化,如何寻找新的消费增长点是资本家所关心的问题。为了刺激消费,一些资本家主动提高工人工资,激发劳动者的消费欲望,社会上鼓吹消费的声音不绝于耳,越来越多的工人加入慷慨消费的大军。消费市场的强劲促成了现代资本主义"生产—消费—抛弃"的经济运行模式,这也使得马克思时代规模化生产和大众消费被人为割分的局面所导致的劳闲对立情形发生了极大转变。马克思当年所关注的工人休闲权益在当前社会得到了极大的保障,资本家不再限制和剥夺工人休闲的权利,休闲不再是特有阶层的专利,更多普通劳动者有机会、有条件参与休闲,休闲消费已成为大众消费的重要组成部分。虽然资本主义社会劳动、休闲方式的许多重大变化是马克思和恩格斯所无法亲眼见到,也无法具体预料到的。但是,资本主义社会资本逐利的本质并没有发生变化,依然要看到现代资本主义社会对休闲生态本质的遮蔽和压制,休闲实践的目的并不是休闲本身,而仍然是服从于资本的价值增值。在物质主义、消费主义浸染下,当代休闲呈现出一种相比马克思时代更为复杂的异化。然而无论何种形式的异化休闲都有其共同点,即失去了休闲内在的生态本质。

生态休闲的实现必定要摆脱异化休闲的束缚,虽然当前生态休闲已经成为多数人的向往与部分人的自觉实践,但受当前社会生产力发展水平的限制,现有的生态休闲实践还达不到马克思所展望的物质生产力高度发达的共产主义社会的理想状态。正如有休闲学者曾感慨地说过:"这不是一个能够提供休闲所必需的自由世界。"① 但要彻底消除劳闲对立、过度依赖物质、人与自然物质变换不和谐等众多现实因素导致的休闲异化，就要持续大力发展生产力，朝着实现共产主义的方向不断发展。马克思对于共产主义做出如下本质规定："在保证社会劳动生产力极高度发展的同时又保证人类最全面的发展。"② 在未来社会，每个人的生态休闲实践就是每个人全面发展的一种具体体现。

---

① ［美］托马斯·古德尔、杰弗瑞·戈比：《人类思想史中的休闲》，成素梅等译，云南人民出版社2000年版，第266页。
② 《马克思恩格斯全集》第19卷，人民出版社1963年版，第130页。

第五章 马克思生态休闲思想的当代价值

党的十八届五中全会所提出的"创新、协调、绿色、开放、共享"五大发展理念，极大丰富与发展了马克思主义发展观，为引领中国发展的全局，实现"两个一百年"奋斗目标和中华民族伟大复兴中国梦奠定了更为坚实的思想基础。习近平总书记在党的十九大报告中也提出，新时代坚持和发展中国特色社会主义，"必须坚定不移贯彻创新、协调、绿色、开放、共享的发展理念"[①]。坚持五大发展理念之所以成为一场"关系发展全局的深刻变革"，成为新时代坚持和发展中国特色社会主义的基本方略之一，就在于它的提出正是针对我国发展中面临的突出矛盾和现实问题。五大发展理念体现了深刻的改革发展价值，对于当前我国休闲发展具有重要的指向意义，紧跟发展理念，塑造休闲的时代价值，成为当前我国休闲发展需要面对的紧要问题。休闲生活是全面建设小康社会不可忽视的重要实践领域，而科学、文明、健康的生态休闲正是契合五大发展理念的休闲样态，是全面建成小康社会，建设社会主义现代化国家的必然要求。马克思生态休闲思想不仅为我国生态休闲发展提供重要理论指导，其具有前瞻性的理论折射出的时代光辉也为我国的生态休闲实践提供有益的现实指导。因此，立足于五大发展理念的本质要求，探析马克思生态休闲思想的当代价值，就马克思所关注的劳动者的休闲权益、自由时间的积极利用、劳动与休

---

① 习近平：《决胜全面建成小康社会 夺取新时代中国特色社会主义伟大胜利》，人民出版社2017年版，第21页。

闲的平衡、休闲中人与自然的和谐等问题作出现实的探讨，以期在马克思生态休闲思想的指导下创新发展休闲文化，协调完善生态休闲教育，积极倡导绿色生活，开放带动休闲经济，共享实现生态休闲权益，促进我国生态休闲的全面发展。而生态休闲的发展在提升人们休闲生活质量，丰富人们的休闲实践的同时，也进一步拓展和充实了思想政治教育的空间。

一、创新发展理念下我国生态休闲文化发展之探索

生态休闲是当代休闲发展的一种新样态，也代表了一种新型的生活方式与生活态度。随着经济社会的快速发展，城镇化速度的不断提升，"快生活"日益成为的生活常态。与此相反，"慢节奏"悄悄变成民众内心的追求和向往。因此，伴随"休闲"需求的产生，"休闲文化"尤其是"生态休闲文化"正以一种新型文化样态进入中国广阔的生产与生活领域。建设生态文明是当今中国社会的主旋律。党的十八大报告首次单篇论述了生态文明，将生态文明建设置于基本国策的突出地位，让我们从国家战略的高度重新认识了生态文明建设在促进生产方式和生活方式转变中发挥的重要作用。党的十八届三中全会通过的《中共中央关于全面深化改革若干重大问题的决定》，深入贯彻党的十八大精神，结合生态文明国家层面上的制度化建设为生态休闲文化建设提供了政策支持。党的十九大报告指出，"建设生态文明是中华民族永续发展的千年大计"①。生态文明建设的主旋律也必然辐射到休闲文化建设领域。休闲文化能否健康发展，将直接影响中国社会的全面进步与中国人的全面发展，加强生态休闲文化建设对于我国休闲文化的健康发展具有极其重要的推动作用。对于生态休闲文化的研究也体现了创新发展理念，党的十八届五中全会提出："创新是引领发展的第一动力。必须把创新摆在国家发展全局的核心位置，不断推进理论创新、制度

---

① 习近平：《决胜全面建成小康社会　夺取新时代中国特色社会主义伟大胜利》，人民出版社2017年版，第23页。

创新、科技创新、文化创新等各方面创新，让创新贯穿党和国家一切工作，让创新在全社会蔚然成风"①，生态休闲文化是休闲文化的创新发展。生态休闲文化的发展离不开理论的引领，马克思生态休闲思想为生态休闲文化建设提供重要的理论支持。

（一）休闲文化之当代批判

休闲是人类创造的一种特殊文化，它是一种以追求娱乐、向往放松的生活情调为特征的精神享受过程。其以多样化的形式进入人们日常生活，呈现生活的多彩性与文化的多样性。而反思种种休闲文化现象，我们时常感到休闲与其本质之间存在较大的反差，因此需要对其进行批判性审视，这对于休闲文化的建设十分必要。

休闲作为一种特殊形式的亚文化，在中国传统文化中占有重要的位置。传统文化的休闲蕴含与价值体现在多个方面：第一，无论是从诗经、楚辞到汉赋、魏晋风骨，还是从唐诗宋词到元曲明清小说，在中国传统文化典籍中辑录了丰富的含有休闲内容的作品，这些作品折射出独特的具有中国智慧的传统休闲文化。例如，陶渊明的诗句"采菊东篱下，悠然见南山"，就具有代表性地表达了一种悠然心境与天地自然和谐交融的休闲境界。古人充满智慧的休闲思想表达出一种乐天旷达、美好恬静的生活情趣，也深刻影响着个人的气质与追求。第二，琴棋书画、诗词歌赋等艺术创造形式与休闲浑然一体。这种高尚典雅的休闲方式不仅是上流士大夫阶层的专属，也直接影响着普通百姓的休闲方式。譬如，写诗填词作为中国士大夫的看家本领，是一种有较高文字功底要求的雅兴，这种雅兴对于大多数普通百姓来说，固然难以染指，但是由此演化而来的歇后语、对联、灯谜等却在民间广为流传。第三，在以农历春节为代表的传统节日里，各种层次、多种形式的休闲活动得到了多面呈现与广泛交融。在传统节日

---

① 《中共中央关于制定国民经济和社会发展第十三个五年规划的建议》，人民出版社2015年版，第8页。

丰富的休闲活动中,身心得到休整,单调生活得到调节,以传统节日为代表的节日文化也成为传统休闲文化的重要标识。可以说,传统休闲渗透在人们日常生活方式和行为方式中,并以其特有的方式为传统文化的创造、交流、传播提供时间与空间,并在历史的延绵传承中形成自己独特的休闲文化,成为中华民族的宝贵文化遗产。

但是,在近百余年来中国的几次大的社会变迁中,传统文化遭遇了大震荡、大破坏,特别是受 20 世纪初叶西方解构风潮的影响,传统休闲文化也成为解构的对象,传统休闲文化在其形态、价值认同等方面都受到了不同程度的冲击。与西方的休闲活动相比,我们的休闲活动有着明显的文化特征,我们有美食、有茶道、有书法、有曲艺、有围棋、有武术……,但是在对传统文化的"破旧立新"中,原有的价值观被颠覆,一些传统休闲方式虽然被保留了下来,但其文化内涵却被简单化、世俗化,即只是存"形"而去"义"。在追求"快节奏""高效率"的当代社会,这种现象更为突出。例如,在当今的传统节日中虽然仍保留着看花灯、猜灯谜等传统休闲活动,但过度的商业化运作和娱乐化追求,破坏了活动内在的文化蕴含,其审美性、创造性大打折扣。传统休闲文化中也有许多糟粕的东西,一些不合时宜的、不健康的休闲方式在当今时代势必被扬弃,但是传统休闲文化在当代的解构中,古人所推崇的静、雅的休闲观,淡泊平和的休闲心态,与天地自然交融的健康休闲习惯在我们大多数人的行为层面上也中断了,这是令人惋惜与值得反思的。

1930 年凯恩斯发出了先知般的预言:"人类自从出现以来,第一次遇到了他真正的、永恒的问题——当从紧迫的经济束缚中解放出来以后,应该怎样来利用他的自由?科学和复利的力量将为他赢得闲暇,而他又该如何来消磨这段光阴,生活得更明智而惬意呢?"① 随着中国社会经济的迅猛发展,社会生产力的大幅提高,以及五天工作制的实行,"春节""五一""十一"三个长假的实施,

---

① [英] J. M. 凯恩斯:《预言与劝说》,赵波等译,江苏人民出版社 1998 年版,第 358—359 页。

人们拥有更多闲暇时间，"休闲"已成为人们生活实践中的重要内容，我们正在步入普遍有闲的社会。但是，面对日益增多的闲暇时间，也有人提出了质疑，我们有时间休闲吗？一方面，我们拥有了闲暇时间，但另一方面又感到生活的忙碌，似乎没有时间去休闲。我们的问题出在哪里？是什么让我们拥有闲暇却无暇休闲？一个重要的原因是，休闲的实践环节出了问题。对休闲内涵的片面认识、闲暇时间的不合理分配与利用，以及消费经济的染指与冲击，致使休闲偏离自己的本质和规律，呈现出鲜明的异化特征。

何谓休闲？有人说工作之外、八小时之外就是休闲，这种说法固然不是毫无道理，但仅仅从时间上进行分界，并不能从本质上阐释休闲。休闲离不开闲暇时间，但我们拥有闲暇，却不等于我们拥有了休闲，闲暇时间只是实现休闲的重要前提条件。提到休闲，相当一部分人的直觉反应就是劳动之余的休息、放松、消遣、玩乐、打发时间，人们更多关注的是休闲的休息和娱乐功能。这种片面追求感官享受，缺少文化内涵，淡化休闲深层价值和功能，把休闲娱乐化的认识，严重偏离了休闲的本质规定，是一种异化的表现。在马克思看来，休闲时间不仅是用于休息和娱乐的余暇时间，还是指"发展智力，在精神上掌握自然的时间"[①]。休闲是一种精神状态，一种生活方式，是人类自由全面发展的必要条件，是人的本体论意义之所在。真正意义上的休闲是在自由时间里毫无强迫的主动休闲，普遍的对休闲的单质化理解阻碍了人们去探寻休闲的多重意义，去挖掘休闲的深层价值，去实现自我的全面发展。其导致的消极后果是，休闲者在休闲的过程中没有获得自身充分的发展，没有发挥其在休闲过程中应有的主体性。更为令人担忧的是，强势的大众传媒正以模式化的方式"挟持"着大众休闲的方式，消费主义、享乐主义也在一步步染指着休闲领域，而主体性的弱化让休闲者越来越被动地"休闲"着。模式化、被动的休闲，不仅没有让休闲者获得应有的身体上的轻松，反而多了几分轻浮躁动，少了几分安宁恬

---

① 《马克思恩格斯全集》第 31 卷，人民出版社 1998 年版，第 179 页。

适，更缺失了休闲中追求自由、发展自我所带来的充实感、满足感。

伴随着社会劳动生产力的大幅提高，消费主义日渐盛行，"有形利益"和"物质报酬"挑战着传统的休闲观念，也考验着人们对于闲暇时间的分配与利用。早在20世纪30年代，就有经济学家预测，随着社会经济的迅猛发展，社会生产力大幅度提高，社会必要劳动时间不断减少，自由时间和闲暇时间将大幅度增长。但是吊诡的是，现代生产力的快速发展并没有让人们拥有更多的闲暇时间。消费激发了人们对物质占有的强烈欲望，不断膨胀的物欲驱使着人们不断地赚钱和花钱，而赚钱和花钱都要挤占有限的闲暇时间。因此，"消费不是自由时间的朋友，而是休闲的对立面。"① 当今，在消费主义的浸染下，人们的休闲活动越来越多地建立在经济购买的基础上，从而休闲也越来越远离它原本自由、质朴、简单的特质，而越来越呈现出物质化、金钱化、庸俗化等异化特征。休闲的物质化导致了花钱成为休闲的一种表达方式，更有甚者，社会上一部分先富起来的"有钱阶层"，用近乎畸形的方式进行着奢侈性、炫耀性的消费，其导致的消极后果是，休闲被消费主义"绑架"的表象屏蔽了人们对于休闲本质的认知与探究。对于休闲，林语堂先生曾在《生活的艺术》一书中感悟到："消闲生活并不是富有者、有权势者和成功者独有的权利……没有金钱也能享受悠闲的生活。有钱的人不一定能真正领略悠闲生活的乐趣，那些轻视钱财的人才真正懂得此中的乐趣。"②

（二）生态休闲文化的内涵及特点

既然传统休闲以及当下休闲实践是对休闲本质的异化，那么怎样的休闲更符合休闲本质？笔者认为，生态休闲是当下中国休闲方式的不二选择，生态休闲文化建设应成为我国新型城镇化与城乡文化建设的重大战略任务。

休闲文化是将休闲上升到文化的范畴，指人在闲暇时间内，为不断满足人

---

① ［美］托马斯·古德尔、杰弗瑞·戈比：《人类思想史中的休闲》，成素梅等译，云南人民出版社2000年版，第100页。
② 林语堂：《生活的艺术》，陕西师范大学出版社2003年版，第123—124页。

的多方面需要而处于的一种文化创造、文化欣赏、文化建构的一种生命状态和行为方式。[①] 生态休闲文化是借用了自然生态的一个概念,将休闲文化置于文化生态系统内进行多维观照与整体考察。在自然界中,生物与环境在一定空间内构成一个统一整体,在这个统一整体中,不同类种生物之间,生物与外界环境之间,相互影响、相互制约、不断演变,并在良性的物质与能量的交换中处于相对稳定的动态平衡状态。休闲文化作为文化形态的一种,是文化生态链条上的重要一环,与其他类型的文化形态共同构筑了文化生态系统。文化生态系统正是在休闲文化与其他类型文化的良性互动中实现着动态平衡。同时,休闲文化的发展也离不开外部环境,即休闲文化总是与一定历史时期的政治、经济、伦理、道德等状况密切相连,且彼此相互作用、相互影响。

生态休闲文化在理解上有狭义与广义之区别。狭义上理解是指一种倡导人与自然环境和谐共存的休闲理念、行为方式的总和;广义的生态休闲文化是一种休闲价值观,即对于休闲问题的一切积极、健康、文明的思想和观念在社会各个领域的延伸和物化。生态休闲文化关注人的自由全面发展,讲求物质文化、精神文化、生态文化的和谐统一,呈现出积极的时代特点:其一,关注人的全面发展。社会经济的快速发展改变着人们的生活方式,同时也带来人们对更高层次休闲的需求。人们的休闲需求已经不再满足于仅仅停留在物质消费层面的单纯休息和娱乐。积极、健康、文明的休闲不仅有助于让人们获得身心的放松和休息,还有助于促进形成正确的世界观、人生观、价值观,在休闲实践中实现自身的全面发展。其二,追求积极自主的休闲。真正的休闲是人们出于内在的真实需求、自主支配的、绝无外在强迫的休闲。盲目化、攀比式、模式化、跟风式的"被动"休闲只会让人疲于奔波在各种存"形"去"意"的休闲活动中,而并非在休息、反省、沉思中体会自主休闲带给我们心灵的放松、精神的愉悦、心理的满足和内心的充实。这也反映出当代人对于"休闲休闲、越休越

[①] 马惠娣:《休闲:人类美丽的精神家园》,中国经济出版社2004年版,第102页。

累"的困惑,以及对走出这样怪圈的渴望。其三,亲近和尊重自然。自然之美能够带给人们心灵的宁静和纯洁,可以缓解和消除快节奏工作引发的心里紧张和身体疲惫,因此亲近自然的生态休闲方式越来越多地成为人们的选择。然而,现实中已经被污染的空气和水质也在警示我们要杜绝破坏性、掠夺性的休闲开发,倡导尊重自然的休闲方式,实现休闲中人与自然的和谐相处。

(三) 当代中国生态休闲文化建设的社会基础与制度支撑

休闲文化的发展具有明显的时代特征,也离不开相应的时代条件。我国社会经济的快速发展为生态休闲文化建设提供了坚实的物质基础,而社会主义文化繁荣与建设的国家战略为生态休闲文化建设提供了有力的制度支撑。

改革开放40年来,我国经济保持年平均9%以上的增长速度,中国经济总量在世界的排序稳步提升,到2010年,中国经济总量超过日本,跃居世界第二。随着我国经济的快速发展,城乡居民可支配收入不断增长,人均消费支出增幅显著,家庭恩格尔系数下降明显,消费结构出现质的变化。"城乡居民用于休闲消费等支出项目比重不断提高,2010年全国城镇和农村居民家庭文教娱乐支出比重分别为12.1%和8.4%,比1980年分别增加了3.7个和3.3个百分点。"[①] 国家经济实力的大幅度提高,极大促进了居民的休闲消费,为生态休闲文化建设奠定了坚实的物质基础。与此同时,我国的基础设施建设投资增长迅速,基础设施建设大幅向前迈进。近年来,铁路建设的跨越式发展,极大促进了交通运输网络的进一步完善。目前在我国,水陆空立体综合运输体系初步形成;邮电通信业发展快速,覆盖全国的国家信息通信基础网络已经建成;图书馆、博物馆、体育馆、美术馆、科技馆、市民广场、大剧院等一大批公共文体设施相继建成开放,极大地满足了广大居民文体娱乐需求。基础公共设施的不断完善,拓展了居民休闲空间,增加了居民休闲选择,也为生态休闲文化建设

---

① 中国旅游研究院:《中国休闲发展年度报告2011—2012》,旅游教育出版社2012年版,第12页。

提供了必不可少的物质保障。

休闲消费与传统意义上满足人生存与发展的物质产品的消费有所不同，除了获得休息与快乐之外，人们更多追求的是一种精神上的愉悦、享受和满足。随着社会经济的快速发展，休闲的物质和时间条件得以保障，人们在休闲目的、休闲层次、休闲方式等方面有了更高要求，也相应生发了新的需求，而生态休闲所倡导的积极、健康、文明、环保的休闲理念正是契合了人们的这种休闲消费需求。

与此同时，文化的发展也离不开制度的支持。正如恩格斯所指出："我们的目的是要建立社会主义制度，这种制度将给所有的人提供健康而有益的工作，给所有的人提供充裕的物质生活和闲暇时间，给所有的人提供真正的充分的自由。"① 休闲作为公民的一项基本权利，越来越多地得到社会的关注，而国家也正在着力健全和完善相关制度。

其一，法定节假日和带薪休假制度为生态休闲文化建设提供了时间制度保障。拥有可供自由支配的时间是休闲的前提条件，国家的法定节假日制度和带薪休假制度为生态休闲文化建设提供了时间保证。1954年新中国第一部宪法第92条就明确规定了工作时间和休假制度，以保证劳动者的休闲权利。1982年修订的《中华人民共和国宪法》第42条指出，中华人民共和国劳动者有休息的权利。国家发展劳动者休息和休养的设施，规定职工的工作时间和休假制度。1994年2月，国务院公布实行日8小时工作制，每周工作44小时。1995年3月国务院令第174号发布，进一步缩短周工作日，1995年5月1日起实施"双休日"工作制。1999年9月18日国务院发布《全国年节及纪念日放假办法》，调整了法定节假日的休息办法，法定节假日加上前后双休日的串休，形成了一年中春节、"五一""十一"三个连续7天的长假。2007年12月14日国务院《关于修改〈全国年节及纪念日放假办法〉的决定》，取消了五一长假，相应增加了

---

① 《马克思恩格斯全集》第21卷，人民出版社1965年版，第570页。

清明、端午、中秋三个中国传统节日假期，国家法定节假日也由原来的 10 天增加到 11 天，即中国居民每年制度性休假时间达到了 115 天。同年，国务院常务会议通过《职工带薪年休假条例》，自 2008 年 1 月 1 日起，全面实行带薪休假制度，带薪休假平均 10 天。至此，休假时间已占全年总时间的 1/3。

其二，社会主义文化大发展大繁荣的国家战略为生态休闲文化建设提供了文化制度保障。自从有人类历史以来，休闲就与文化密不可分。古希腊文化中，休闲被看作是一切事物环绕的中心。中国传统文化虽然没有将休闲置于如此高的地位，但在中国传统文化中处处闪耀着休闲智慧的光芒，体现了休闲与文化的完美结合。在当代，工业文明的迅猛发展越发凸显了劳动与工作的重要，尽管文明的创造离不开辛勤的劳动与努力的工作，但劳作只是人存在的手段，并非存在的目的，拥有休闲、享受休闲才是人生的更高追求。而恰恰是在休闲中，人类才得以创造出更丰富、更完美的文化成果，也正因如此，德国哲学家约瑟夫·皮珀（Joseph Pieper）在其经典著作《休闲：文化的基础》一书中表达了这样一种观点，即休闲是文化的基础。从中我们可以看到，休闲本身就是文化的重要组成部分，发展休闲，建设生态休闲文化也是社会主义文化大发展大繁荣的题中应有之义。

从党的十七届六中全会明确提出建设社会主义文化强国的总体要求、制定了完整的文化强国战略，到党的十八大报告强调扎实推进社会主义文化强国建设，再到党的十八届三中全会关于推进文化体制机制创新的决定，我们党对推进社会主义文化大发展大繁荣、建设社会主义文化强国的重大发展战略的认识在逐步全面、逐步深化。相应文化体制改革稳步推进，文化事业、文化产业迅速发展，覆盖城乡的公共文化服务体系逐步确立。与此同时，文学、戏剧、电影、电视、音乐、舞蹈、美术等多领域优秀文艺作品的不断涌现，文化消费市场的不断拓展，文化馆、博物馆、图书馆、美术馆、科技馆等一系列公共文化服务设施的逐步完善及向社会的免费开放，以及对传统节日文化内涵的深入挖掘，优秀传统文化教育的开展普及，都为生态休闲文化建设提供了良好的制度保障和条件支持。

其三，生态文明制度建设为生态休闲文化建设提供了政策支持。"把生态文明建设放在突出地位，融入经济建设、政治建设、文化建设、社会建设各方面和全过程，努力建设美丽中国，实现中华民族永续发展。"党的十八大报告首次单篇论述了生态文明，将生态文明建设置于基本国策的突出地位，让我们从国家战略的高度重新认识了生态文明建设在促进生产方式和生活方式转变中发挥的重要作用。党的十八届三中全会通过的《中共中央关于全面深化改革若干重大问题的决定》，深入贯彻党的十八大精神，结合生态文明建设进一步提出，"建设生态文明，必须建立系统完整的生态文明制度体系，实行最严格的源头保护制度、损害赔偿制度、责任追究制度，完善环境治理和生态修复制度，用制度保护生态环境。"

生态文明国家层面上的制度化建设为生态休闲文化建设提供了政策支持。当前，生态休闲文化建设面临一系列现实挑战：消费主义背景下不计成本的、盲目过度的休闲消费，日常生活中乱丢乱弃、污染破坏的休闲行为，利益驱动下滥砍乱伐、毫无节制的休闲资源开发，都在肆意破坏着人与自然的和谐相处。尽管从一定角度来说，休闲是较个人化的选择和行为，但积极健康休闲理念的形成，文明休闲方式的培养，合理可持续休闲资源的开发，都离不开相应社会制度政策的扶持和指引。生态文明制度化建设有助于普遍提高人们的生态意识，生态意识的普遍提高则有助于减少许多过度消耗性的休闲形式。人们的休闲方式随着环保意识的增强也悄然发生着变化。平和、简单、非过度金钱化的、亲近自然的休闲方式越来越受到人们的欢迎。在一些地方，甚至出现了以志愿者身份利用假期去户外场所做义工的新型休闲体验行为，如清扫户外垃圾、维修步道、户外义务向导等。这些在社会大的制度环境影响下发生的变化，充分反映了人们对于与自然亲密接触的强烈需求，以及对人与自然和谐相处的强烈愿望，也极大地推动了生态休闲文化建设。

其四，中央的反腐制度助推了生态休闲文化建设。反腐倡廉是党中央一贯坚持的鲜明政治立场，党的十八大以来，反腐倡廉制度建设持续推进，反腐"重拳"频出。在反腐系列举措中，尤其是中央八项规定，对于生态休闲文化建设起到了积极的助推作用。2012年12月4日，中共中央政治局审议通过的关于改进工作作风、密切联系群众的八项规定，无论是"规范出访活动""严格按照规定乘坐交通工具""轻车简从""简化接待""厉行勤俭节约""严格执行住房、车辆配备"等严格细致的规定，还是"首先要从中央政治局做起"以身作则的诚恳，都体现了党抵制不良之风、转变社会风气的坚定决心，是从严治党、端正党风政风的庄严承诺。中央八项规定出台后，高端餐饮企业营业额和高端白酒销售出现大幅度下降，享乐主义、奢侈浪费等不正之风得到明显抵制。在党风政风的带动下，社会民风得到明显好转，厉行节约、反对铺张浪费逐步成为社会共识，反映到休闲领域，盲目攀比的休闲心态，奢侈浪费的休闲活动，重金钱、轻感受的休闲消费在一定程度上得到遏制。

生态休闲是当代中国人的普遍追求，加强生态休闲文化建设是满足人们休闲需求、提高休闲质量、体现休闲本质的重要载体，而中国经济快速增长为生态休闲文化建设提供了必要条件与坚实的社会基础，政府休闲文化建设的相关政策、行政体制改革等制度建设为生态休闲文化建设提供制度保障。社会基础与制度保障是生态休闲文化建设的两个重要条件，只有促进条件的不断成熟，休闲文化建设才会有成效。

二、协调发展理念下生态休闲教育之讨论

随着休闲社会的来临，休闲已经成为人们生活的重要组成部分，面对日益增多的休闲时间与种类繁多的休闲选择，如何科学合理地进行休闲显得尤为重要，在这样的背景下，休闲教育应运而生。休闲教育作为一种基础性教育活动是社会发展的产物，有着怎样的社会状况就有怎样的教育与之相适应。总体来说，休闲教育的发展与社会的发展是同步的，但也有发展相对滞后的情形，因此休闲教育也要不断发展完善，以适应社会快速发展的需要。当前我国已经进入全面建成小康社会的决胜阶段，休闲的发展水平与文明程度也是衡量小康社会的一个重要指标。大力建设生态文明是全面建成小康社会的内在要求，而实现休闲教育向生态休闲教育的转向，引导人们树立生态的休闲观，发挥休闲在协调人与社会关系，实现自我全面发展，促进人与自然和谐共存等方面具有的生态价值，以适应生态文明建设，助力小康社会全面建成是当前完善休闲教育，适应时代发展的必然要求。

生态休闲教育作为一种更高层次的休闲教育，其顺利的开展需要协调运用各种社会资源，正如"十三五"发展规划所提出的，"协调是持续健康发展的内在要求"。[①] 就一定意义而言，"生态的"也必然是"协调的"，生态问题解决的关键之一就在于生态主体间关系的协调。而在马克思的生态休闲思想中，也处处凸显了协调的重要性，劳闲关系的不协调是加剧工人与资本家对立的一个重要原因，保持劳动与休闲状态的协调是实现人的自由全面发展不可或缺的条件。因此从协调理念出发探究生态休闲教育具有重要的价值。

(一) 休闲教育与生态休闲教育

正如前文所言，休闲一词的英文是"Leisure"，从其词源的演进可以看出，休闲与教育具有密不可分的渊源。"英文'Leisure'一词来源于希腊语和拉丁语。在希腊语中'休闲'为'skole'，拉丁语为'scola'具有'休闲'和'教育'两方面的意思。"[②] 休闲无论是对个体的体能恢复、疲劳消除、娱乐放松、自我发展，还是对社会的政治、文化、经济的发展都具有独特而重要的价值，但是休闲价值的发挥还有赖于能否正确合理地利用休闲。休闲的实现需要一定的时间条件和必要的物质基础，但是获得了休闲所需的闲暇时间与物质基础并

[①] 《中共中央关于制定国民经济和社会发展第十三个五年规划的建议》，人民出版社2015年版，第8页。

[②] 于光远、马惠娣：《于光远马惠娣十年对话——关于休闲学研究的基本问题》，重庆大学出版社2008年版，第85页。

不等于拥有了休闲。不当的休闲会导致时间和物质的浪费，而庸俗化、低俗化、物质化的休闲不但不能发挥休闲应有的积极价值，还会有损休闲者的身心健康，甚至引发一些社会问题。因此，积极开展休闲教育，引导人们科学合理地休闲是尤为必要的。

　　休闲自古有之，休闲教育也并非是一个全新的观念，总体上了解国内外休闲教育的发展脉络，有助于进一步深化对休闲教育的认识。国外的休闲教育开始较早，在古希腊时期就有相关的休闲教育，当时的人们认为："自由人如果不想使自己的生活沦为灾难，就一定要接受休闲人生的教育"①，休闲教育是自由臣民教育的重要组成部分。文艺复兴时期，人文主义思潮的兴起使休闲得到了充分发展，而如何评价和利用休闲也在这个时期成为人们深刻思考的问题。产业革命以后，工作伦理兴起，工作开始成为教育的中心，休闲渐渐被排挤出教育。进入20世纪，休闲教育重新得到关注，"1918年美国联邦教育局的一份报告就将休闲教育列为青少年教育的一条'中心原则'"②。而随着大众休闲时代的开始，现代意义上的休闲教育和学术研究才得以普及。在我国，休闲文化源远流长，无论是中国传统文化还是现代文化，都蕴含丰富的休闲思想资源。从诗词歌赋到词曲小说，从琴棋书画到茶道酒道，从山水园林到饮食养生，无不表现出中国休闲文化独特的内涵。中国古代休闲活动丰富多样，如曲艺、书画、诗词歌赋、女红、棋艺、博戏等。"寓教于乐"是古人开展休闲教育的重要形式，在游乐中，在欣赏艺术和美的过程中感悟和传递休闲智慧。然而近代以来，由于中国传统文化的流失与断裂，许多优良的传统休闲智慧未得到很好传承和弘扬，一些休闲形式虽得以保留，但存形去义的休闲缺失了应有的休闲文化内涵，弱化或失去其教育功能。我国现代休闲研究相对起步较晚，休闲教育也没有得到应有的重视，相比较而言，总体上还落后于西方国家。

---

　　① ［美］杰弗瑞·戈比：《你生命中的休闲》，康等译，云南人民出版社2000年版，第298页。
　　② 参见［美］托马斯·古德尔、杰弗瑞·戈比：《人类思想史中的休闲》，成素梅译，云南人民出版社2000年版，第171页。

生态休闲是一种新型的休闲理念。狭义而言，"生态休闲是指与生态相关的建立在保护环境促进生态良性健康发展基础上的休闲。"例如，近年来受到欢迎的生态旅游，就是这样一种鼓励人们主动亲近自然，并倡导人们自觉保护自然的生态休闲方式。广义而言，生态休闲是一种在积极、健康、文明的休闲价值观导引下的休闲，既在满足休闲主体休闲需求的同时，也要有利于休闲主体身心的健康发展；在满足当下休闲需要的同时，也要保证休闲的可持续进行与发展。生态休闲教育是生态文明时代对休闲教育提出的新要求，是以生态休闲理念为基础，以生态文明建设的现实需求为导向，对传统休闲教育在内涵、目标、内容、形式等方面的拓展与深化，帮助人们将生态休闲理念内化于心，外化于行，自主、自觉践行生态休闲，在人与自然的和谐中实现能力的提升与自由的发展。

严格而论，生态休闲教育是休闲教育在生态文明时代背景下的一种教育存在形态，是对休闲教育的拓展。生态休闲教育与休闲教育具有同一性的一面。尽管学界对休闲教育的内涵有不同角度的理解，但对休闲教育在提升个体生活质量，明确休闲价值观，培养休闲能力等方面的观点基本能够达成共识。从这个角度来说，生态休闲教育在教育主要目标、主要内容和主要方式上与休闲教育具有重合、一致性的地方。但生态休闲教育相对休闲教育也有其独特的一面。其一，从生态休闲教育提出的时代背景来看，生态休闲教育反映了休闲教育对时代问题的积极回应。传统休闲教育更多关注的是个体休闲生活质量、休闲活动体验，以及相关休闲知识的学习，相应休闲技能的培养。而生态休闲教育对于当下人们非常关心的生态环境问题都能有所积极回应，将其关注的视域拓展到休闲教育实施所在的一个更大的空间环境。其二，从生态休闲教育的内容来看，生态休闲教育不仅聚焦于休闲本身，而且关切休闲与环境的互动关系。特别是面对当今自然环境被污染，资源被浪费，生态平衡遭破坏的严峻挑战，许多和休闲相关的现实问题急需思考。例如，如何在满足人们休闲需要的同时维护生态环境的可持续性发展，实现人与自然的和谐共存；恶化的环境又会对休闲产生哪些负面的影响；等等。其三，从生态休闲教育的概念来看，其凸显了休闲教育的生态道德义务。在现实的休闲实践中，休闲的质量会受到多种要素的影响。而随着闲暇时间的不断增多与物质生活条件的不断改善，自然环境因素对休闲质量的影响越来越得以凸显。如果自然环境很污秽，休闲就难以进行或变得没有意义，只有在健康的自然环境下进行的休闲才能带给人们以最高的回报。休闲与自然生态环境息息相关，因此休闲与生态的相关内容理应是休闲教育关注的重点，如若使用"生态休闲教育"这一术语，是否有画蛇添足之嫌？对此，笔者也曾存疑虑。但笔者之所坚持使用这一术语是在经过了反复的思考后认为，"生态休闲教育"与"休闲教育"除了上文所述理由有所区别外，使用"生态休闲教育"这一术语，还意在突出强调当前时代休闲教育所应承担的生态道德义务，对休闲教育做出了应该如何的规定。

（二）生态休闲教育实施的意义

生态休闲教育是在我国提出全面建成小康社会奋斗目标新要求，大力推进生态文明建设的时代背景下对休闲教育的深化与拓展。开展生态休闲教育对于促进休闲教育的深入发展，正确认识和处理休闲过程中人与自然的关系，促进人与自然关系的和谐，实现人的自由全面发展都具有重要的现实意义。

第一，生态休闲教育是社会发展进步对休闲教育提出的新要求。生态休闲教育是实现我国全面建成小康社会奋斗目标的现实需要，也是生态文明时代休闲教育自身发展的内在要求。休闲是小康生活的重要内容，发展休闲是小康社会建设的必然要求。由国务院办公厅颁布实施的《国民旅游休闲纲要（2013—2020年）》提出我国国民旅游休闲发展的目标："到2020年，职工带薪年休假制度基本得到落实，城乡居民旅游休闲消费水平大幅增长，健康、文明、环保的旅游休闲理念成为全社会的共识，国民旅游休闲质量显著提高，与小康社会相适应的现代国民旅游休闲体系基本建成。"该目标体现了生态休闲理念，进一步丰富了小康社会的内涵。开展生态休闲教育，发展生态休闲，引导人们健康、文明、环保地休闲是建设小康社会的现实需要。与此同时，生态文明建设为小康社会的全面建成奠定了坚实的生态基础，大力建设生态文明是全面建成小康社会的内在要求。休闲方式作为一面镜子反映着社会文明进步的状况，发展生态休闲也是生态文明建设的客观要求，而生态休闲教育是生态文明时代对休闲教育提出的必然要求。

第二，生态休闲教育是当代全面发展教育的重要组成部分。生态休闲教育是时代发展的需要，也是休闲教育自身发展的内在要求。在大众视野中，休闲更多被理解为一种娱乐、放松活动，也常常被认为是一种随意性很大，较少受到外界严格约束，偏私人化的行为。然而这种将休闲等同于娱乐、放松，忽视休闲应承担的社会责任的观点恰恰是对休闲的一种不成熟、不全面的认识。这也是休闲教育存在的重要原因之一，帮助人们正确认识休闲的价值，为人们更好地享受休闲做出充分准备。休闲教育已经走入当代教育，一些大学开设了为休闲领域培养人才的专业，现代基础教育所提出的让学生学会做人，学会学习，学会生活的基本任务也包含休闲的内容，其中学会生活的一个重要部分就是学会休闲。然而，休闲教育也需要与时俱进不断发展，我们也要为休闲教育的开展创造条件。正如《休闲教育的当代价值》一书的作者所指出的，"休闲教育不仅要求我们改变教育的内容，也要求我们转变对教育的态度和培养用于探索新思想领域的精神。只有当其他生活条件改善了，社会各方面有动力积极采取行动时，休闲教育才能给人类以最高的回报。这些条件包括维持一个吸引人的、健康的自然环境……水越来越不适用于饮用、洗浴、泛舟和垂钓。噪声污染和视觉污染也是影响我们生活质量的问题……我们需要持续美化环境的公共计划及相应的加速休闲教育，包括自然保护的公共计划。"现代休闲应该承担相应的生态责任，现代休闲教育也应包含关于休闲生态伦理道德的内容，正是在这样的时代需求下生态休闲教育应运而生，也正是在这样的生态诉求下，生态休闲教育才显得尤为重要，理应也必须成为当代全面发展教育的一部分。

第三，生态休闲教育有利于促进人的自由全面发展。随着休闲社会的来临，休闲已逐步成为人们日常生活的重要组成部分，日趋多样化的休闲也呈现出多种价值取向。例如，以缓解体力疲劳为价值取向，以获得精神愉悦为价值取向，以追求奢华享受为价值取向，以追求新奇刺激为价值取向等。在多种价值取向中，既有体现出生态属性的价值取向，也有呈现出非生态的异化价值取向。休闲教育的目标之一就是引导人们树立科学的休闲价值观，那么，什么是科学的休闲价值观？按照马克思的休闲观，具有文明、健康、环保等积极价值取向的生态休闲就是一种科学的休闲价值观。如上文所述，生态休闲的价值旨归是实现人的自由全面发展。正因如此，促进人的自由全面发展自然成为生态休闲教育的重要目标指向。正如我们所知，人的自由全面发展离不开人类赖以生存的自然环境，良好的自然生态环境为人的自由全面发展的实现提供了可能的条件。然而现实世界中自然资源被严重消耗，自然环境惨遭破坏，自然生态的可持续性面临严峻挑战的状况需要我们深刻反思。面对如此生态困境，休闲受到限制，人的自由全面发展也无从实现，而生态休闲教育正是从这种反思入手，引导人们从社会可持续发展的高度看待人与自然环境的关系，认识到良好的自然环境对于休闲，对于人的自由全面发展的重要意义。自由离不开休闲，也离不开人类赖以生存的自然，生态休闲教育帮助人们在休闲中实现人与自然的和谐共存，在与自然的协调共存中实现全面发展。正如马克思所说的："人终于成为自己的社会结合的主人，从而也就成为自然界的主人，成为自身的主人——自由的人。"①

（三）生态休闲教育实施与协调发展的路径

由于休闲教育具有提升休闲主体能力和素质的作用，与国民休闲生活质量密切相关，因此在我国已经引起相关部门的重视，并得到了一定的发展。但是，随着民生休闲需求的急剧增加，以及民众对休闲质量要求的提升，休闲教育的发展却显得捉襟见肘，滞后于时代的发展与人们的现实需求。特别是伴随人们生活水平的大幅提高，人们的精神文化消费与需求与日俱增，具有科学、文明、

---

① 《马克思恩格斯文集》第3卷，人民出版社2009年版，第566页。

健康价值导向的生态休闲悄然成为人们自发的选择，加强生态休闲的培育和指导成为紧迫的现实需求。因此，实施生态休闲教育是对休闲教育的拓展与深化，是创新和完善我国休闲教育系统的重要环节，同时也是当前我国在大力建设生态文明的时代背景下对休闲教育提出的新要求。生态休闲教育作为休闲教育的一个重要有机组成部分，是一个长期的系统工程，我国有必要充分调动多方面力量，构建一个互为补充、各有侧重、协调发展的生态教育系统。

第一，重视生态休闲理论研究。理论源自实践但高于实践，反过来又指导实践。生态休闲教育的发展离不开理论指导，重视生态休闲领域一系列问题的理论研究，有助于指导我国的生态休闲实践，推动生态休闲健康发展。当前，我国已经进入全面建成小康社会的攻坚阶段，随着国家战略对民生建设关注的持续加强，国民休闲发展系列问题得到重视，相关理论研究得以广泛开展，生态休闲理论研究也逐步兴起，并涌现出一批高水平的研究成果。虽然生态休闲研究已得到关注，但毕竟刚刚起步，对相关基础性理论问题还缺乏系统、规范的论证。例如，马克思休闲思想作为指导我国生态休闲实践的重要思想资源，对其中蕴含的生态观点的研究还略显薄弱；而对有关生态休闲内涵、范畴等重要理论问题的研究还在起步阶段，较为缺少能够基本达成共识的理论成果。对此，政府需要从战略发展的高度重视生态休闲的理论研究，促进生态休闲研究的深入发展，进而才能充分利用理论成果科学合理地指导国民的生态休闲实践。科研机构要结合现实的生态休闲实践深化理论研究，用理论来回答现实问题，为国家制定国民生态休闲政策、纲要、计划等提供决策依据。科研学者要进一步深化生态休闲理论的研究，形成基本的研究范式。

第二，加强生态休闲教育的组织与规划。休闲为人的高品质生活提供了可能，而生态休闲为可持续休闲提供了可能。21世纪，人类社会面临着严重的生态危机，同样问题也反映在休闲领域。美国著名休闲学者杰弗瑞·戈比曾感慨："休闲领域在不久的将来要发生的所有变化都将与我们对这个问题的认识有关，那就是，我们延续多年的生活方式并不是可持续发展的"。"在不久的将来，休闲可能要接受税收、教育和休闲政策的改造。休闲政策将会鼓励那些在不对个人和环境造成严重伤害的情况下可反复进行的活动。"① 当前我国的生态环境状况已不容乐观，不当的公众休闲正加速着生态环境的恶化，生态休闲教育的实施与发展成为当务之急。生态休闲教育的实施与协调发展离不开相关部门的组织与规划。各级政府要发挥主导作用，制定生态休闲发展规划，有计划地推进生态休闲文化生活发展，明确生态休闲教育具体实施方案。与此同时，大力加强对生态休闲教育的宣传，让人们充分认识到生态休闲教育实施与发展对个人成长与社会进步的重要意义和价值。

第三，重视家庭生态休闲教育，培养孩子的生态休闲理念。家庭对于孩子休闲方式的养成有着重要影响。美国学者凯利（Kelly，1974）的一项调查发现："在成年人的十种最重要的休闲活动当中，有一半始于儿童期"，"这些发现表明与其他社会化施动者相比，家庭在形成个体休闲追求的基础和方向上具有绝对的重要性。"② 相比美国，中国孩子自主的休闲生活受到较多限制，中国孩子从小就需承担沉重学业，休闲活动受到家长的严格限制，在休闲方式的选择上也多由家长做主，出于安全、易于看管等原因，家长往往将孩子的休闲活动限制在室内。因此，家长对于孩子生态休闲观的养成发挥着关键作用，要让家长认识到休闲生活质量，生态休闲伦理，自主选择休闲的能力对于孩子健康成长的重要。正如苏联教育家苏霍姆林斯基所说："只有当孩子每天按照积极的愿望随意使用5~7小时的空余时间，才有可能培养出聪明、全面的人。"③ 总之，生态休闲教育要从儿童抓起，从家庭抓起。

第四，发展学校生态休闲教育，提升学生综合素质。学校是实施生态休闲教育的一个重要场所。发展学校生态休闲教育有助于提升校园文化内涵，提高

---

① ［美］杰弗瑞·戈比：《你生命中的休闲》，康筝译，云南人民出版社2000年版，第404页。
② ［美］艾泽欧·阿荷拉：《休闲社会心理学》，谢彦君等译，中国旅游出版社2010年版，第144页。
③ ［苏］苏霍姆林斯基：《给教师的建议》（上册），杜殿坤编译，教育科学出版社1980年版，第57页。

教育整体效益,也是为国家培养高素质公民的必然要求。但发展学校生态休闲教育也存在一些限制性因素。一方面,学生的生态伦理素质不高,对生态休闲价值认识不到位,缺乏生态休闲的自觉性和自主性。另一方面,学校里的教育者对学生的休闲需要关注不够,尽管"休闲比工作对成年人的生活质量更有帮助",休闲教育可以帮助学生"获得更令其满意的未来经历的可能性"[①],相对于学生学习能力、与升学相关的应试能力、与就业相关的工作技能培训,教育者们对休闲教育几乎是不闻不问,更遑论生态休闲教育。而要解决这些问题,除了要加强宣传教育,让学生自觉认识生态休闲的重要性,国家相关部门也要给予政策引导,鼓励各级各类学校主动承担起实施生态休闲教育的责任。

第五,推行社区生态休闲教育,引导居民健康休闲。社区是开展生态休闲教育的重要阵地,通过社区的生态休闲教育,增强居民生态休闲意识,提升居民生态休闲技能,引导居民自觉参与生态休闲实践。在社区推行生态休闲教育,可采取以下几个途径:其一,要有意识地通过社区的宣传栏、墙报、社区动态小报、讲座等来宣传生态休闲,让居民正确理解生态休闲的价值,认识到良好的自然生态、人文生态、精神生态对于提升休闲生活质量,促进个体全面发展的积极作用。其二,社区要有目的、有计划、有组织地开展多种形式的生态休闲技能培训,如社区园林绿化管理、环境保护知识、户外游憩技能,书画、音乐等相关知识讲座。其三,引导社区居民积极参与生态休闲实践,鼓励居民在闲暇时间走进社区学校、运动场、图书馆、博物馆、公园、大自然中,开展文明、健康、环保的休闲活动,获取娱乐、放松、愉悦的机会,提升休闲生活质量,促进个人身体、精神、情感、智力、社交的健康发展和家庭的团结与幸福。

---

① [美]艾泽欧·阿荷拉:《休闲社会心理学》,谢彦君等译,中国旅游出版社2010年版,第145页。

三、绿色发展理念下生态休闲与绿色生活之审思

党的十八届五中全会明确提出:"绿色是永续发展的必要条件和人民对美好生活追求的重要体现。"① 推动生产、生活方式绿色化是绿色发展的切实举措,休闲作为社会生活中一个不可分割的重要组成部分,是绿色生活方式构建的重要实践领域。然而,不合理的休闲也会导致生态问题的产生,如受到物质主义、功利主义等不良社会思潮影响而走向异化的休闲,大量消耗资源、破坏生态环境,不仅加重了对自然资源的掠夺,也加速了地球资源的日益贫瘠,其所代表的是一种不合理的、不可持续的非绿色生活方式。因此,倡导人与自然和谐共存,注重环境保护与自然资源的可持续利用的生态休闲则成为绿色生活的必然选择。而马克思的生态休闲思想为我们的生态休闲实践提供了重要的理论指导,也为绿色生活的构建提供了强大的思想武器。

(一)休闲是现代生活方式研究的核心内容

"生活方式是以社会主体——人为对象和研究中心的多层次的综合性理论范畴,它所探讨的是关于人的生存、发展活动方式总体系统结构模式。"② 在我国,学界关于生活方式的研究兴起于 20 世纪 80 年代初,至今已有 30 多年的历程,其间既掀起过研究的热潮,也经历了研究相对冷却的局面,但无论如何,关于这样一个紧紧围绕时代发展,努力探索如何构建美好生活的命题的研究一直没有中断过,研究生活方式具有重要的理论和实践意义。从理论意义上来说,生活方式在历史唯物主义理论体系中占有一定的位置,是认识社会发展规律的重要理论范畴。正如马克思、恩格斯把生活看作是一切实证科学的本源性,将生活方式作为一种科学概念提出,认为"生活是一切历史活动开展的第一前提,

---

① 《中共中央关于制定国民经济和社会发展第十三个五年规划的建议》,人民出版社 2015 年版,第 9 页。
② 王玉波、王雅林等:《生活方式论》,上海人民出版社 1989 年版,第 1 页。

是从事一切历史活动最基本的条件"①。按照马克思主义的观点，一切社会关系的形成和变革都是人们活动的结果，生活是我们进行社会科学研究的出发点。生活方式能使我们认识政治的、经济的、文化的、社会的、物质的发展程度，认识整个社会和社会主体的发展程度，是一个能够发挥认识工具作用的不可替代的重要理论范畴。从实践意义上来说，生活方式是社会形态的一个重要标志，社会的变化发展也必然带动生活方式的变革。当前，在我国的社会主义现代化建设进程中，除了要进行经济建设、政治建设、文化建设，还要逐步变革落后、愚昧、腐朽的生活方式，建立科学、文明、健康的生活方式，这也是社会主义现代化建设的一个重要内容。

生活方式研究的着眼点在于主体的人与人的能动的活动方式。人的能动的活动是与人的需要密不可分的。人为了生存和发展，必然要依赖一定的客观条件，以满足主体的各种需求。然而人的需要是多层次的，人们为了满足自己的需要而进行的活动也是多层次、多方面的。恩格斯曾把人的生活需要分为三个层次，即生存需要、享受需要和发展需要。这三种需要虽不相同，但又密切相关，呈现一种递进的关系。其中，生存需要是维持和延续人的生命活动的最基本需求；享受需要是进一步使生活能得到物质上和精神上满足与快感的需要；发展需要则更进一步，是提升个人素养，发展个人潜力的需要。除此之外，我们还可以从不同的维度，将需要分为个体需要、集体需要、社会需要；物质需要、精神需要；政治需要、经济需要、文化需要；生理需要、心理需要，等等。而且人的需要会随着物质生产与社会发展而不断变化。正如马克思所说："已经得到满足的第一个需要本身、满足需要的活动和已经获得的为满足需要而用的工具又引起新的需要"②，需要的变化也会带来生活方式的转变。由此，我们看到，生活方式的内容是复杂的，包含着纵横交错的诸多层次和方面，包括多方面的生活领域，而休闲就是其中包括的一个重要生活领域。与此同时，生活方

---

① 《马克思恩格斯文集》第1卷，人民出版社2009年版，第531页。
② 《马克思恩格斯文集》第1卷，人民出版社2009年版，第531页。

式也会随着社会的发展而不断发生转变，其核心内容也会相应有所变化。

休闲与生活方式是密切关联的，研究休闲问题不能忽略生活方式，而研究生活方式，也不能离开休闲问题。正如上文所述，人们需要的不同也决定了生活方式的不同，不同层次的生活方式对应不同层次的需要，而休闲作为生活不可或缺的组成部分也分为不同的层次，对应不同的需求。广义上理解，休闲至少具有三层含义，即休息、缓解疲劳意义上的休闲；娱乐、放松意义上的休闲；发展、自我实现意义上的休闲。相对应的，休息意义上的休闲满足的是人基本的生存需要，娱乐意义上的休闲满足的是人温饱之后的享受需要，而发展意义上的休闲是更高层次的休闲，满足的是人进一步提升的发展需要。伴随着我国经济的快速发展，休闲的综合条件的不断完善，我们正在步入普遍有闲的社会。休闲得到民众的普遍关注，休闲生活成为民众生活的重要组成部分，休闲也成为生活方式研究的核心问题。龚育之先生十多年前就曾指出："休闲，从少数人的消磨光阴，到多数人的生活方式，进而变为一种研究对象，形成一门休闲科学。"[1]

休闲生活引起人们极大的关注，是社会历史发展的必然，也有其多方面的社会原因。首先，人类进入现代以来，世界科技的飞速发展推动了社会生产力的大发展，促使传统生活方式发生巨大变化，使休闲成为社会生活的重要内容。当社会生产力相对不发达时，人们的生活需求主要是生存和发展，不可能有大量的闲暇时间和物质产品来满足人们的休闲需要，也就不可能给予休闲生活更多的关注，自然也不会对休闲生活提出更高要求。而休闲产业正是工业化社会高度发达的产物，以旅游业、服务业、娱乐业和文化产业为龙头形成的新经济形态和产业系统正在改变着当代人的休闲生活方式。其次，生产发展极大促进了消费，消费领域不断扩大，消费内容日益丰富，人们的消费方式也朝着休闲化方向转变。当代人的休闲生活与消费息息相关，或者说在很大程度上就是一

---

[1] 冯长根主编：《中国休闲研究学术报告2012》，旅游教育出版社2013年版，序（一），第2页。

种消费生活。对此，美国学者加里·S. 贝克尔认为："所有闲暇都含有某种消费，所有消费都含有某种闲暇。"① 与马克思所处时代的资本主义社会不同的是，消费主义盛行成为当代资本主义社会的新变化，尤其是在欧美等发达国家，休闲消费已经成为大众化的趋势，休闲消费支出构成了社会经济发展的重要内容。"据美国商务部统计，在美国，居民的休闲消费或与休闲相关的各种服务消费总量已经占到美国国内生产总值的百分之六十以上。"② 其三，休闲集中体现了人们在物质和精神层面对理想生活目标、方式、结果的一种渴望与追求。社会主义的根本任务，就是要不断满足人们日益增长的物质文化需求，而提高人民生活水平，满足人民休闲需要，提升人民休闲水平与质量则是实现这一根本任务的具体体现。当前，我国正处在全面建成小康社会的关键时期，当人们对物质生活的基本需求已得到了相应的满足，对精神文化生活则会提出新的更高要求。当这种更高的要求体现在休闲生活上，则表现为单纯的放松娱乐已经不能完全满足人们对于休闲的全部需求，而在休闲过程中人们渴望获得更多精神上的充实和满足，得到更充分的自我发展和自我实现。

总之，生活方式具有鲜明的时代性，与时代的发展、变化息息相关。休闲生活成为现代生活核心组成部分也是我们所处时代的鲜明特点。面对日益增加的闲暇时间，我们将如何科学、合理地利用我们的闲暇时间？闲暇时间的增多，休闲活动的日益多样与复杂又会对我们传统的生活方式产生怎样的影响？当前人们的休闲实践还存在哪些问题？面对休闲生活发生的新变化，我们的生活方式又该如何重构？这些问题都需要我们进行认真的审思。

（二）现代异化休闲生活引发的自然生态问题

休闲在缓解身体疲劳、满足精神需求、维护身心平衡、发现自我价值等方面发挥着重要作用，休闲活动也为人们提供了更多与自然亲密接触的机会，增

---

① ［美］加里·S. 贝克尔：《人类行为的经济分析》，王业宇等译，上海三联书店、上海人民出版社1995年版，译者的话第7页。

② 楼嘉军：《论休闲与休闲时代》，上海交通大学出版社2013年版，第27页。

进了人与自然的交融，也更多是在这个意义上，休闲体现了其生态的本质。然而，在现实的休闲生活实践中，由于受到客观制度、个人修养素质、社会思潮等诸多复杂因素的影响，部分休闲实践流于异化，呈现出非生态的一面，其具体体现在以下几个方面：

其一，消费主义浸染下逐物的休闲加剧了人类对自然的索取。曾几何时，消费似乎成了休闲的代名词，娱乐消费、购物消费、旅游消费、体育消费，各种类型和层次的休闲消费层出不穷。休闲消费的增长是人们生活质量提高的一个重要标志，但是消费型休闲模式的盛行却又促使我们对休闲消费进行反思。休闲消费本无可厚非，然而受到消费主义影响，不良休闲消费的流行给自然生态带来不可磨灭的影响和破坏。无论是追求奢华、显示身份的攀比式、炫耀式休闲消费，还是过度追求新奇、刺激、感官体验的无节制式休闲消费，都突出了休闲方式的奢侈性与浪费性，是一种不可持续的休闲方式，对于当今世界已经出现的自然生态环境恶化起到了推波助澜的作用。当代休闲虽然与消费密切相关，但"休闲并不意味着大规模的消费……最满意的休闲利用方式与大量消费并没有什么联系"①，盲目和不节制的休闲非但不能使人获得深层次的放松与满足，反而极度加重了自然的负担，甚至对自然环境造成不可逆转的严重伤害。

其二，休闲经济的粗放发展加剧了自然环境的恶化。随着休闲时代的到来，休闲经济得到快速发展，多种休闲场所得以开辟，多样休闲服务机构得以建立，在促进休闲全面发展，繁荣社会经济方面发挥着积极作用。然而，休闲经济的过快发展也引发了一系列自然生态问题。一些地方或部门在经济利益的刺激下，不顾当地生态系统的稳定，对自然资源肆意进行掠夺式开发，在获取经济收益的同时，也使自然生态环境遭到严重破坏。以旅游休闲资源的开发为例，一些风景名胜区在开发过程中，未能科学、合理地协调景区生态保护与旅游设施建设之间存在的矛盾，盲目兴建餐饮、酒店、游乐等旅游配套设施，严重改变自

---

① ［美］杰弗瑞·戈比：《你生命中的休闲》，康筝译，云南人民出版社2000年版，第404页。

然景观的原始面貌。从短期来看，这种做法直接影响了景观的自然美，降低了自然景观欣赏的品质；从长远来看，这是对景区整体生态的破坏，不利于景区自然资源的可持续利用。

其三，休闲行为的不文明给自然生态环境带来的负面影响。休闲时代的来临也带来了旅游休闲的热潮，特别是在节假日，出行旅游已成为人们休闲的主要选择。然而，随着出行游客数量的不断攀升，以及节假日民众的大规模集中出游，给景区的生态环境带来巨大压力的同时，游客休闲过程中的不文明休闲行为也使景区的生态环境问题雪上加霜，令人堪忧。2015年国庆假期过后，就有媒体集中报道了一些游客的不文明休闲行为：山东省沂蒙山景区多处石头被用红色油漆喷涂上名字，红色大字十分刺眼；居庸关长城，仍有游客不听劝告往长城砖上刻字留名；云南大理某古镇，游客观赏完表演，现场垃圾遍地。另有报道，2016年春节期间，有游客在云南野生动物园强行抓住孔雀合影，还拔掉孔雀羽毛，造成两只孔雀随后死亡。游客的种种不文明行为加剧了对生态环境的破坏。

（三）绿色生活方式呼唤生态休闲

现代生活方式虽然多样复杂，但按照马克思的唯物史观，无论何种方式的生活，都是以一定的自然生态与环境为基础并受其制约的。的确，无论人的智慧如何出众，科技如何发达，但人的生活必须依赖使自己得以存活的自然生态与环境。自然生态和环境与人的生活之间是一种双向的密不可分的关系。一方面，自然生态与环境为人类的生活提供最基本的支撑和保障。离开自然人的生活就难以为继，且自然生态与环境状况直接影响着我们的生活质量。享受高质量的生活，一定是以拥有良好的自然生态与环境为基础的，维护自然生态与环境的同时也是在提升我们自己的生活质量。另一方面，人类多样的生活方式对自然生态与环境也持续产生着影响。不当的生活方式对人类文明赖以生存的自然生态与环境造成极大的破坏。伴随科学技术的飞速发展，现代文明有效拓展了人类生活的空间，延伸了人类生活的半径，但日益多元与复杂的生活方式在丰富着人类生活的同时也给自然带来了灾难。自然生态危机成为全球性的问题，人类的生活正面临不断恶化的威胁，而非绿色的生活方式的广泛存在加剧了这一问题。例如，过分追求物质生活享受的消费主义的膨胀不断挑战着自然环境的承受能力，激化人与自然关系的紧张。

过度消费是非绿色生活方式的显著表现。当代世界上一些发达的国家，如美国、欧洲、日本等，过度消费的状况极为突出。以美国为例，"美国人口虽然只占世界人口的6%，但消费的资源却占全球资源消费的1/3"[①]。西方发达国家这种过度消费是建立在广泛利用全球资源环境基础上的，其损害的不仅是一个国家、一个地区的生态系统，而是损害了全球生态系统的可持续生存。西方发达国家对地球生态资本的过早、过度的支取，使人类面临严重的生态危机，甚至演变为可怕的生态灾难，是当代生态危机的主要责任者。《转折点：科学、社会、兴起中的新文化》一书的作者弗·卡普拉（Fritjof Capra）认为，人类生存方式的危机是造成生态危机的本质原因。为了人类可持续享有良好的生活，为了人类的自身生存，必须改变原有的不可持续的生产和生活方式，倡导对资源精打细算、合理利用的绿色生产和生活方式。

党中央、国务院高度重视生态文明建设。党的十八大从新的历史起点出发，把生态文明建设纳入中国特色社会主义事业"五位一体"总布局；党的十八届三中全会提出保护生态环境要依靠制度，要建立健全保护生态文明的制度体系；党的十八届四中全会指出，用严格的法律制度保护生态环境；2015年5月中共中央、国务院发布《关于加快推进生态文明建设的意见》（以下简称《意见》），这是中央基于我国国情对生态文明建设做出的一次全面部署，《意见》明确提出，"实现生活方式绿色化""培育绿色生活方式""广泛开展绿色生活行动""大力推广绿色低碳出行""倡导绿色生活和休闲模式""绿色化"成为《意见》最为重要的新亮点；党的十八届五中全会把生态文明建设首度写入国家五年

---

① 方世南：《马克思环境思想与环境友好型社会研究》，上海三联书店2014年版，第372页。

规划。

生态休闲是绿色生活理念在休闲领域贯彻的具体体现。生态休闲作为休闲多种存在样态的一种，彰显的是积极、健康、文明的价值导向，是一种较高层次，具有生态属性的休闲。生态休闲蕴含丰富的生态内涵，具体体现在以下几个方面：

其一，生态休闲是生态文明时代的先进休闲理念。生态休闲是生态文明时代，人们回归自然，凸显人性本真，追求人与自然和谐相处的理性选择。与生态休闲形成鲜明对比的是资本主义工业文明下的异化休闲。正如德国学者桑巴特在其著作《奢侈与资本主义》中所说："奢侈，它本身是非法情爱的一个嫡出的孩子，是它生出了资本主义。"[①] 资本主义工业文明时期，过度追求物质的奢侈生活方式催生出浪费、炫耀、攀比的异化休闲方式，这是一种建立在过度消耗自然资源、破坏生态环境基础上的不可持续的休闲模式。这种建立在奢侈浪费基础上的非生态休闲方式是马克思所批判的，也是与我们当前时代所倡导的生态文明不相适应的休闲方式。

其二，生态休闲是绿色生活理念引领下的休闲实践。提到绿色生活，人们常常会联想到"保护自然""节约资源""绿色消费""循环再生""重复利用"等关键词。尽管对于什么是绿色生活还没有一个统一的界定，对绿色生活的理解也不尽相同，但无论何种理解，其共性在于都遵循"节约"、"环保"的价值伦理，而生态休闲正是在这样的价值伦理指导下的休闲实践。当代休闲实践与消费密切相关，"节约"的休闲并不是限制人们正常的休闲消费需要，而是节制不合理休闲欲望，约束不必要的奢侈休闲行为，否弃无度消费的休闲生活，倡导适度消费的休闲生活。"环保"是生态休闲实践所遵循的另一价值理念，追求休闲娱乐的同时要兼顾自然环境的保护，避免休闲过程中对自然资源的破坏和滥用，摈弃妄图控制自然的人类中心主义。

---

① [德] 维尔纳·桑巴特：《奢侈与资本主义》，王燕平等译，上海人民出版社2000年版，第215页。

其三，生态休闲的目的是实现人与自然的和谐共存。生态休闲是一种回归自然的休闲。纵然运用现代科技手段，人们创造了多种多样的人工环境下的休闲体验，但是终归不能代替自然带给人们的休闲感受。人类来源于自然，自然是人类的生命之源，面对自然，人们可以褪去浮躁，在愉悦的精神体验中认识自我，感悟人生。生态休闲也为人们创设更多与自然亲密接触的机会，在与自然的多重互动中增进对自然的了解和热爱，并进一步唤起人们的环保意识，使关爱和保护自然成为人们的自觉行为。生态休闲帮助我们实现了人与自然的和谐共存。

培育绿色生活方式要鼓励公民的绿色参与，而生态休闲就是公民绿色参与的直接体现，缺失生态休闲的绿色生活不是真正的绿色生活。要引导公民的休闲行为从过度注重物质消费、物质享受逐步向物质享受与精神享受相均衡的方向发展，并鼓励以精神享受为主的休闲方式。使公民在亲近自然的休闲中去关注自然、关爱自然，培育公民热爱自然的生态伦理情怀，进而在轻松愉快的生态休闲过程中，实现人与自然的良性互动与和谐相处。

四、开放发展理念下休闲经济生态化发展之考察

改革开放40年来，我国经济保持了年均近10%的惊人增长速度，创造了举世瞩目的成就。高速发展的经济为我国休闲发展奠定了基本的物质基础。随着经济的高度发展和可支配收入显著提高，我国城乡居民的休闲消费支出不断提高，休闲经济成为推动我国经济发展的新引擎。然而备受青睐的休闲经济在得到大力发展的同时，也呈现出浪费资源、破坏环境、过度追求规模等与可持续性发展战略相违背的非生态发展趋势。由于时代原因，马克思在其著作中并没有论及休闲经济问题，也不会出现"休闲经济"这样的术语，但是他对经济发展问题进行了广泛的研究。马克思犀利地批判了以剩余价值生产为目的资本主义经济发展模式，并提出以追求人的解放和实现人的自由全面发展为目的的社

会主义经济发展模式。社会主义经济发展注重的是人的价值和享受，扬弃了资本主义经济发展对价值增值无止境的贪婪。正是对经济发展从"以物为本"到"以人为本"的价值转向的论证中涉及了休闲问题，休闲是人的"生命尺度"和"发展空间"，是实现人的自由全面发展的必要途径。马克思不仅关注人自身的发展，也重视发展过程中人与自然关系的辩证统一，因此我们体会到在马克思的休闲思想中含有丰富的生态意蕴，生态休闲问题也由此出场。马克思生态休闲思想研究的目的不仅在于理论的建构，更重要的在于对现实的关照。马克思生态休闲思想无论对我国居民休闲消费，还是休闲经济发展都提供了重要的理论支持和价值指导。因此，只有把握马克思休闲思想的精神实质，并结合改革开放以来我国休闲经济快速发展过程中呈现出的诸多现实问题予以探讨，才能彰显马克思生态休闲思想对我国休闲经济发展的时代价值。

（一）改革开放助推我国休闲经济快速发展

马克思曾指出："由于生产力提高一倍，以前需要使用100资本的地方，现在只需要使用50资本，于是就有50资本和相应的必要劳动游离出来；因此必须为游离出来的资本和劳动创造出一个在质上不同的新的生产部门，这个生产部门会满足并引起新的需要"①，休闲经济作为一种新的经济形态是社会经济发展到一定阶段的产物。改革开放以来，我国经济发展取得了举世瞩目的成绩，我国国内生产总值从1978年居世界第10位，上升到2010年居世界第2位，成为仅次于美国的世界第二大经济体。经济高速发展的同时，城乡居民收入明显提高，城镇居民的人均可支配收入从1978年的343.4元增长到2014年的28844元，是1978年的近84倍。农村居民人均家庭可支配收入从1978年的133.6元增加到2014年的9892元，是1978年的74倍。人均可自由支配收入的大幅提高使城乡居民的生活质量不断提高，消费支出大幅增长，其中休闲消费支出持续增加。城乡居民的消费结构也发生显著变化，消费模式开始由生存温饱型向享

---

① 《马克思恩格斯文集》第8卷，人民出版社2009年版，第89页。

受发展型转变，国民休闲消费需求旺盛。

"西方经济学家认为，休闲经济产生有一个基本条件：当一个国家或地区的人均 GDP 超过 1000 美元，民众就会有休闲需求；当人均 GDP 跃进 2000 美元时，休闲娱乐就会得到良好发展；而人均 GDP 达到 4000 美元以上，就正式步入休闲经济的爆发期。"① 2010 年我国人均 GDP 就已经超过 4000 美元。2015 年中国人均 GDP 约合 8016 美元，全国共有 10 个省份人均 GDP 突破 1 万美元。我国早已跨过休闲经济发展的门槛，休闲经济发展的物质基础已经初步形成。

休闲经济的发展也反映了人民群众日益增长的休闲需求。人民群众在物质生活得到基本满足的同时，对高质量的精神生活的需求愈发旺盛。休闲在满足人们精神生活方面担当重要角色，人们可以利用不同形式的休闲活动来获取心情的放松，满足内在的心理需求，缓解精神压力等。休闲已经成为人们日常生活不可缺少的组成部分。对于民众来说，进行休闲活动，除了要有基本的物质保障外，还需要有充足的闲暇时间来进行休闲活动。改革开放以来，国家结合经济发展状况与人民群众的实际休闲需求，对劳动者的休假制度进行了明确规定与系列调整。1994 年国务院公布实施 8 小时工作制。1995 年 5 月开始实行双休日工作制。1999 年国务院调整了法定节假日的休息办法，实施"春节""五一"和"十一"三个长假，使国人的法定休息日达到每年 114 天。2007 年国家法定节假日得到进一步优化调整，全国法定节假日总天数增加一天，共计 115 天。形成了春节、十一两个长假日，元旦、清明、端午、五一、中秋五个小长假的全年假日均匀分布的格局。如果加上《职工带薪年休假条例》规定的平均 10 天的假期，休假时间已占全年总时间的 1/3。人们休闲时间的增加也进一步促进了休闲经济的繁荣发展。

改革开放不仅使我国居民休闲得到物质和时间上的保障，也使交通、信息、文化、体育、旅游、餐饮等休闲基础设施不断优化，极大地促进了休闲经济的

---

① 付达院：《城市休闲经济》，浙江大学出版社 2014 年版，第 182 页。

发展。以铁路网建设为例,近年来国家加快推进以高速铁路为骨架的快速铁路网建设,"四纵四横"的高速铁路主骨架基本建成。据新华网数据统计显示,到"2015 年底,中国高速铁路运营里程达到 1.9 万公里,居世界第一位,与其他铁路共同构成的快速客运网可基本覆盖 50 万以上人口城市"①。高速铁路网的逐步完善为人们的出行带来了便捷和了乐趣,使随时随刻来一场说走就走的旅行成为可能。

与此同时,改革开放极大地推动了与国外在休闲方面的多种交流合作,对休闲经济的发展产生深远影响。在学术研究方面,国内外休闲学者的学术交流与合作频繁,国外优秀休闲研究成果陆续得以翻译出版,国内连续多年举办休闲发展国际论坛,休闲研究成果对休闲经济发展具有重要的借鉴与指导作用;在休闲理念方面,与国外的密切交往使我国政府和居民可以及时了解和把握国际休闲发展的趋势潮流,对先进的休闲理念加以借鉴,不断完善自身的休闲理念;在休闲内容和形式方面,国外的文化、体育、旅游等休闲产品和项目的引进,以及休闲方式的借鉴,极大地推动了我国相关休闲产业的崛起。

(二) 休闲经济发展中的生态责任

改革开放 40 年来,在整体经济高速发展的带动下,我国休闲经济获得长足发展,并已初具规模。发展休闲经济丰富了居民休闲生活,提升了居民休闲质量,是造福于民的好事。但是休闲经济的发展也必须考虑生态环境的因素,休闲产业不能盲目开发,必须考虑生态环境的承受力,只有协调好休闲经济发展和生态环境保护之间的关系,才能真正造福于民。

近年来,旅游业和相关休闲项目发展迅速,休闲旅游业成为推动休闲经济发展的重要力量。森林、草地、湖泊、雪山等自然景观成为备受旅游项目青睐的开发对象。然而一些自然景观被开发成生态景区后,在经济利益的驱动下,不惜破坏原来的生态环境,大肆扩建不协调的基础设施。例如,早在 1989 年就

---

① http://news.xinhuanet.com/politics/2016-01/17/c_128636330.htm.

作为我国首批列入世界自然遗产名录的湖南张家界武陵源风景区,就曾未从保护景区整体生态出发,在景区内大量建造人工建筑。2001 年联合国遗产委员会对此提出"黄牌"警告:"武陵源的自然环境已经像个被围困的孤岛,其城市化对其自然界正在产生越来越大的影响。"① 之后,张家界市政府耗费了巨额资金才恢复了景区的原始风貌。而在张家界武陵源核心景区内建造的号称"天下第一电梯"的百龙天梯,也饱受争议。虽然电梯带来了不菲的经济效益,但对景区自然岩体的破坏也不容小觑,且大兴土木的行为与"世界自然遗产"保护景区自然原貌的宗旨背道而驰。此外,也有一些自然景区在被命名为风景名胜区后疏于管理,致使景区的自然资源遭受严重的人为破坏。例如,有北岳之称的恒山,其主峰位于山西省浑源县,1982 年以山西恒山风景名胜区的名义被列入国家级风景名胜区名单。然而,由于恒山所在地矿产资源丰富,又缺乏相应监管,被长期无序开采,曾经的青山翠岭被挖得遍体鳞伤,许多地方成为不毛之地。

但是,也有一些风景名胜区主动承担起保护自然生态的责任,其中安徽省黄山风景区就是一个很好的例子。黄山风景区对外开放后,游客数量逐年攀升,由于始信峰、莲花峰等主要景点容量有限,景点周围的自然植被常常被过载的游客所破坏,进而加剧了水土流失,导致一定程度的生态环境退化。面对如此情况,黄山风景区管委会推出黄山主要景点实施封闭"轮休"的举措,开启了黄山风景区生态保护新模式,并经安徽省人大常委会以法律的形式将这一做法固定下来,在景区保护与开发的两难间找到了平衡。景区游客"爆棚超载,景区资源过度开发是如今许多著名旅游景区在经营中经常出现的问题。"乐山大佛旁边建公园、都江堰上游拦河筑坝、张家界建电梯、武当山遇真宫发生大火以及故宫、敦煌等地超量接待游客,这一切都对景区造成了实质性破坏,有的损失无法挽回。"② 生态环境状况关乎旅游休闲是否可持续进行,景区在开发运营

---

① http://www.toptour.cn/detail/info56933.htm.
② http://www.toptour.cn/detail/info57159.htm.

的过程中必须主动承担起生态责任，才能使景区绿色、健康地发展。

国外的旅游管理经验也值得我们借鉴。美国休闲学者杰弗瑞·戈比教授在谈及中国旅游、休闲的可持续发展问题时曾举例提及澳大利亚南澳袋鼠岛。袋鼠岛是南澳大利亚最著名的旅游景点之一，是极富盛名的野生动物及原始风貌游览区。袋鼠岛每年接待20万游客，这已经令当地旅游管理部门与民众对其环境承载能力感到担忧了。而北京故宫历史最高日接待量差不多是袋鼠岛一年的游客接待量①。虽然两国的实际国情和人口数量都不尽相同，也不能通过简单的数字比较就做出孰是孰非的结论，但是我国许多景区，特别是在节假日，都存在游客数量超出景区最大承载量的情况。如何在满足民众休闲需求与保护景区生态环境之间找到一个平衡点是需要我们迫切思考的问题。

休闲经济发展还涉及娱乐、服务、文化等多种产业，无论何种产业的发展都离不开良好的生态环境。保护环境的生态责任意识应贯穿于休闲经济发展的每一个环节。政府在发展休闲产业时应首先考虑环境成本和代价，企业在经营过程中需主动承担环境保护的责任，个人在享受休闲时要坚持环保的行为方式。唯其如此，休闲经济发展才能真正造福我们自己。

(三) 坚持休闲经济发展开放性与生态性的统一

休闲消费是考察休闲经济的重要切入点。一定意义上，"休闲经济的本质即消费经济"②。"没有需要，就没有生产。而消费则把需要再生产出来"③，休闲消费是推动休闲经济发展的直接动力。最近几年，在对外贸易持续遇冷、国内投资增速回落的情形下，消费逐渐成为拉动中国经济前行的主力军。根据中国政府网的数据显示："2015年，最终消费支出对中国GDP的贡献率为66.4%，比上年提高15.4个百分点"④，中国经济发展呈现新常态。在新常态下，社会消

---

① 宋瑞、[美] 杰弗瑞·戈比：《寻找中国的休闲——跨越太平洋的对话》，社会科学文献出版社2015年版，第194页。
② 付达院：《城市休闲经济》，浙江大学出版社2014年版，第41页。
③ 《马克思恩格斯文集》第8卷，人民出版社2009年版，第15页。
④ http：//www.gov.cn/zhengce/2016-01/20/content_5034567.htm。

费正逐渐从生存型消费向享受发展型消费转变,文化、娱乐、体育、旅游等休闲消费比重大幅上升。

国家十分重视消费对经济的促进作用。"十三五"规划明确提出:"发挥消费对增长的基础性作用,着力扩大居民消费,引导消费朝着智能、绿色、健康、安全方向转变"①。居民的休闲消费水平和结构直接影响着休闲经济发展的水平与繁荣程度。而要发挥休闲消费对休闲经济增长的基础性作用,也要调整休闲消费的方向,在坚持开放发展的前提下,朝着绿色生态的方向转变。

改革开放是决定当代中国命运的关键抉择,是国家繁荣发展的必由之路。改革开放使我国社会生产力得到极大解放和发展,人民生活水平显著提高。人们在物质需求不断得到满足的同时,对精神生活的需求也在不断增大,休闲成为人们的现实需要,休闲消费也深入人们的生活。开放带来了市场的繁荣,也极大丰富了休闲消费。在休闲消费的种类上,既有对物质产品的消费,也有对知识、观念的消费;在休闲消费层次上,既有休闲就餐、购物等满足基本生活需要的休闲消费,也有娱乐、旅游等满足享受需要的休闲消费,还有学习、培训等满足个体发展需要的休闲消费。开放丰富了休闲消费的选择,而多样的休闲消费推动了相关休闲产业的发展,促进了休闲经济的繁荣。因此,坚持开放发展是繁荣休闲经济的必然要求。

休闲经济与时代发展息息相关,休闲经济也应反映时代特点。当前我国已经进入生态文明建设的新时期,休闲经济发展生态化是在生态文明建设背景下对休闲经济发展的新要求。而休闲消费的生态转向是实现休闲经济生态化发展的切实路径。马克思对消费问题一直有所关注,对资本主义制度下不合理的奢侈化消费、浪费化消费进行了严厉的批判,虽然当前时代发生了变化,但是相似的问题在休闲消费领域依然存在。"中国城乡社会追求西方发达国家代表性的

---

① 《中共中央关于制定国民经济和社会发展第十三个五年规划的建议》,人民出版社2015年版,第10页。

高消费生活方式正逐步发展成为普遍现象。"① 国民的休闲消费理念还不够成熟，对休闲消费行为缺乏合理的判断，经常会受到不良休闲示范的影响，炫耀性、攀比性休闲消费有一定的存在空间。过度的物化休闲消费显然是马克思生态休闲思想所予以批判的，也是有悖于生态文明发展理念的。休闲消费的目的是满足人们对休闲的需求，然而被符号化的休闲消费使消费成为了目的本身。过度、盲目的消费必然引发非理性的生产，而过度的生产和消费必然加重对自然的索取，导致生态环境的恶化。没有良好的自然生态环境保障，休闲经济的发展也就变得不可持续。因此，大众休闲消费理念、方式的生态转向是保障休闲经济健康可持续发展的基本要求。

五、共享发展理念下生态休闲权益之思考

马克思一向关注以无产阶级为代表的弱势群体的休闲权益，无产阶级休闲权益的落实是马克思生态休闲思想关注的首要问题。在马克思所处时代，占人口大多数的无产阶级的休闲权益得不到保障，因此生态休闲对无产阶级来说只能是一种休闲理念，是对未来理想休闲生活的一种美好展望。当今时代，资本主义社会发展呈现许多新的变化，工人工作日缩短，休闲生活丰富繁荣就是其重要方面。但是资本的逐利本质并没有发生变化，休闲繁荣的背后是休闲服从于资本引发的休闲异化，休闲在资本的裹挟下偏离原初目的，失去了生态属性。

社会主义制度作为一种先进的社会制度，是以实现人的自由全面发展为终极目标，为生态休闲的全面实现提供了制度保障。作为开创中国特色社会主义新局面的小康社会的全面建设，为生态休闲实践提供了广阔平台。而党的十八届五中全会提出的"共享"发展理念，则为生态休闲权益的全面落实提供了重要的理念支撑。

---

① 陈昕：《救赎与消费——当代中国日常生活中的消费主义》，江苏人民出版社2003年版，第233页。

(一) 小康社会生态休闲权益共享的基本内涵

休闲权是人类不可或缺的一项基本权益,它的实现与否不仅是人的自由全面发展的基本条件之一,而且也对当前我国全面建成小康社会产生重要影响。生态休闲权益正是以休闲权为核心的权利。生态休闲权益是在生态文明建设的时代背景下,随着休闲社会的到来,人民普遍享有休闲的条件下,对休闲权利的发展。

休闲权是生态休闲权益的核心,休闲权利的保障是实现生态休闲权益的前提。按照休闲的层次理论,生态休闲是更高层次的休闲,当休闲的最基本需求都得不到满足的时候,生态休闲权益便无从谈起。正如上文所述,无产阶级休闲权益是马克思生态休闲思想关注的首要问题,恩格斯在《英国工人阶级状况》中描述了一些工人酗酒、纵欲等休闲恶习,并犀利地指出产生这种状况的原因正是"没有正当利用这种自由所必需的手段","这种恶习的产生是无法改变的结果"①。当最基本的休息、娱乐等休闲需求都难以实现的时候,对休闲的迫切渴望与现实休闲缺乏的突出矛盾就会把休闲推向异化,从而远离生态休闲。

生态休闲权益是集中体现了休闲权、生态权、自由权、发展权等多种权利主旨的复合型权益。公民或个人有平等享受休闲的权利;有要求其休闲环境得到保护与不断优化的权利;有在与身心健康、社会利益相融的前提下对休闲活动、休闲形式等自由选择的权利;有在休闲中实现其发展诉求和公平享有休闲发展所带来的利益的权利。由于休闲权还没有纳入我国法律体系中,因此生态休闲权益还只能是理论、道德上的应有权利,但是随着未来休闲权的法律确定,生态休闲权也必然会成为休闲权的一部分。

生态休闲权益是休闲权利发展的新趋势,也有其深刻的法理依据。作为联合国基本法之一的《世界人权宣言》,其第 24 条规定:"人人有享受休息和闲暇的权利"。这一条实质上间接对休闲权利作出了规定,而休闲权利与闲暇权利也

---

① 《马克思恩格斯文集》第 1 卷,人民出版社 2009 年版,第 442 页。

是生态休闲权益的核心权利。第 27 条规定："人人有权自由参加社会的文化生活，享受艺术，并分享科学进步及其产生的福利"。人人可以自由享有休闲也是生态休闲权益的精神主旨。在世界休闲理事会于 2000 年 7 月批准通过的《休闲宪章》中，有明确提出："所有的人都拥有参与符合其所在社会的规范和价值标准的休闲活动的基本人权，所有的政府都有义务承认并保证其公民的休闲权利；在保证生活质量方面，休闲同健康、教育一样同等重要，各国政府应当确保公民得到丰富多彩的高质量的休闲与娱乐机会；政府应当通过维护本国自然、社会和文化环境来确保公民未来开展休闲活动的可行性"[①]。《世界人权宣言》既规定了休闲是人人享有的基本人权，又强调了政府在保证其公民享有高质量休闲和为公民维护良好的休闲环境等方面的义务，而这些正是生态休闲权益包含的内容。此外，由国务院办公厅颁布实施的《国民旅游休闲纲要（2013—2020年）》，凸显了国家对国民休闲事业的重视。其中"提倡绿色旅游休闲理念""保障国民旅游休闲时间""改善国民旅游休闲环境""推进国民旅游休闲基础设施建设"的政策措施体现了生态休闲理念，对于提升国民休闲质量具有显著的推动作用。

就生态休闲权益的主体而言，人民群众是生态休闲权益的享有者。在发展中国特色社会主义的时代语境下，生态休闲一定不是少数人的特权休闲，而是最广大人民群众可以自由而充分地享有并健康参与的休闲。正如恩格斯曾指出的："我们的目的是要建立社会主义制度，这种制度将给所有的人提供健康而有益的工作，给所有的人提供充裕的物质生活和闲暇时间，给所有的人提供真正的充分的自由。"[②] 这里为所有人提供的充分自由必然包含可以充分享有休闲的自由，而在当代语境下，这种休闲也必然是指与身心健康、社会利益相融的生态休闲。生态休闲权益是人民群众平等享有的休闲权利。每个人都享有进行生态休闲的权利，同时也要求个人与社会都认识到生态休闲不仅对保持个体身心

---

① http://news.sina.com.cn/o/2006-05-06/03428853041s.shtml.
② 《马克思恩格斯全集》第 21 卷，人民出版社 1965 年版，第 570 页。

健康、提高休闲生活质量具有重要意义，对于维护自然生态环境，实现休闲资源的可持续利用也具有重要价值。在享受生态休闲权益的时候，也要自觉承担起在休闲过程中保护生态环境的社会责任。

休闲权益共享是小康社会建设的内在要求。全面建成小康社会是实现中国梦至关重要的一步。那么，小康社会建设的标准是什么？对此，党的十八大在十六大、十七大确立全面建设小康社会目标基础上提出了新要求："经济持续健康发展，人民民主不断扩大，文化软实力显著增强，人民生活水平全面提高，资源节约型、环境友好型社会建设取得重大进展"[1]。党的十八届五中全会在十八大全面建成小康社会的目标要求基础上进一步提出："经济保持中高速增长，人民生活水平和质量普遍提高，国民素质和社会文明程度显著提高，生态环境质量总体改善，各方面制度更加成熟定性"[2]。党的十九大对社会主要矛盾作出新判断，并指出："不久将全面建成小康社会，人民美好生活需要日益广泛，不仅对物质文化生活提出了更高要求，而且在民主、法治、公平、正义、安全、环境等方面的要求日益增长"[3]。由此可以看到，"人民生活""生态环境"是关乎小康社会建设最为核心的两个方面，而这两方面与生态休闲都有着极为密切的关联。生态休闲生活作为具有更高精神层次的休闲生活，是人民社会生活不可分割的组成部分，也是反映国民素质和社会文明程度的休闲样态。生态休闲的进行离不开人类赖以生存的自然环境，良好的生态环境是小康社会的必然要求，而生态休闲所倡导的环保、健康的休闲方式对于生态环境质量的改善发挥着不可或缺的推动作用。此外，20世纪90年代中期，由国家统计局、原国家计委和农业部共同制定的《全国人民生活小康水平的基本标准》，也为我们具体理

---

[1] 胡锦涛：《坚定不移沿着中国特色社会主义道路前进　为全面建成小康社会而奋斗——在中国共产党第十八次全国代表大会上的报告》，人民出版社2012年版，第17—18页。

[2] 《中共中央关于制定国民经济和社会发展第十三个五年规划的建议》，人民出版社2015年版，第7—8页。

[3] 习近平：《决胜全面建成小康社会　夺取新时代中国特色社会主义伟大胜利》，人民出版社2017年版，第11页。

解、评价小康社会提供了更为细化的标准。标准规定了"经济水平""物质生活""人口素质""精神生活""生活环境"五方面指标。这五方面指标又分为16项分指标。从"基本标准"可以看出，小康指标是一个包含物质文明和精神文明在内的综合指标体系，其中包含闲暇时间利用，衣食住行等基本物质保障，良好自然环境等与生态休闲密切关联的要素。总之，从小康社会建设的目标要求和小康生活水平基本标准来看，生态休闲是小康社会的题中应有之义。

（二）生态休闲权益实现面临的现实困境

生态性是休闲内在的本质属性，也是休闲实践活动应该遵循的原则，但是在现实的休闲实践中，休闲活动往往受到外界不良因素的影响，偏离其生态属性而走向异化。为此，一些学者提出"生态休闲"概念，提倡生态休闲，引导人们文明、健康、理性地休闲。随着国民休闲观念的不断成熟，生态休闲也被越来越多的国民所认同，并成为一部分人的自觉休闲选择。也正是在这样的背景下，生态休闲权益问题开始进入人们的视线。然而，生态休闲权益毕竟是一种综合性的新型权利，还只是在理论和道德上的应该，而不是在法律上确定的权利。因此，在现实的生态休闲实践中，生态休闲权益的实现还面临诸多挑战。

其一，休闲权利的不平等限制了生态休闲权益的实现。"一般而言，社会不平等也会反映在休闲供给和公众休闲活动参与程度上。这种不平等存在于世界各地。例如，收入较低的群体受教育率也低，而且也不大可能得到国家在休闲上给予公民的补贴等福利（Torkildsen，2005）。同样的现象也发生在美国。少数民族、女性和残疾人等弱势群体的休闲权利得到学术界、非政府组织和政府的特别关注。"[①] 休闲权利不平等主要体现在弱势群体的休闲权益不能得到平等实现。例如，进城务农的农民工，由于受到文化程度、工作条件、生活条件、薪酬收入等因素的制约，其"休闲时间、休闲活动半径都明显小于城镇居民，休

[①] 宋瑞、[美] 杰弗瑞·戈比：《寻找中国的休闲——跨越太平洋的对话》，社会科学文献出版社2015年版，第133页。

闲内容也明显更为单调"①，由于平日工作劳动强度都偏大，因此在有限的休息日，恢复身体的疲劳成为休闲首要需求，很难有意识或有精力去安排一些更有意义的休闲活动。休闲权利是生态休闲权益的核心，对于休闲的弱势群体来说，连基本的休闲权益都难以得到保障的情况下，生态休闲权益的实现更是无源之水，无本之木。

其二，休闲基础设施布局的不均衡影响了生态休闲权益的实现。伴随国民休闲意识的不断增强，休闲需求的不断增多，国家对休闲基础设施的投入也不断增大。特别是近几年，国家对水陆空交通设施的逐年完善，4G 网络等信息基础建设的进一步提升，休闲产业的大力发展，使休闲基础设施得到不断优化。"从中、宏观尺度看，我国的休闲基础设施在总量上已经能够满足我国居民的基本休闲需求。不过，在微观层面，休闲设施不管是数量还是布局，都显得太过粗放，并没有完全从普通大众的基本需求出发"②，基础设施的布局仍存在较大的区域不平衡性。休闲基础设施的不足限制了人们的休闲选择，影响了生态休闲的进行。例如，曾有多家报纸报道，2016 年春节期间，由于农村休闲资源相对匮乏，一些回乡过年的年轻人无事可做，除了聚在一起打牌、打麻将，没有过多的休闲选择，也因此使赌博之风在一些地方再度沉渣泛起。有人甚至在春节期间，将在外辛苦一年赚来的钱输个精光。当然，休闲方式的选择具有很强的主观性，但是民生性的公共休闲设施发展不足等客观原因也是影响休闲选择不容忽视的方面。

其三，自然生态环境的恶化制约了生态休闲权益的实现。杰里米·里夫金（Jeremy Rifkin）在《第三次工业革命》一书中，提出教育要面向第三次工业革命，重新唤起我们的"亲自然情结"。生态休闲正是具有"亲自然情结"的休闲方式，只有在轻松愉悦的与大自然亲密接触的过程中，才更加有助于建立我们与自然的情感和认知联系，唤起我们的"亲自然情结"。然而，日益严重的环

---

① 《中国休闲发展年度报告 2011—2012》，旅游教育出版社 2012 年版，第 45 页。
② 《中国休闲发展年度报告 2014—2015》，旅游教育出版社 2015 年版，第 133 页。

境问题严重影响了我们的生态休闲活动，一些河流湖泊正在消失或遭到严重污染让人难以接触，森林、草原等自然资源遭受人为破坏严重，而空气污染的加剧更是将人们的活动范围限制在室内。环境问题也影响了人们的休闲旅游，正如美国休闲学者杰弗瑞·戈比教授指出的："中国的旅游，包括国内旅游和国际旅游在内，经历了惊人的增长。严峻的空气污染问题已经开始改变这种趋势……世界卫生组织正敦促中国政府更多地为游客做点事情。2013 年中国 74 个城市中只有 3 个达到了官方确定的空气质量最低标准。"[①] 可见，生态休闲权益的实现离不开良好的自然生态环境。

其四，共享意识的淡薄阻碍了生态休闲权益的实现。正如文中多次强调，休闲可以是一种很私人化的行为，其个性化的特点也较为突出，但也绝不能因此将休闲片面地理解为就是一种私人化的行为。随着公众休闲需求的日渐多元，社会公共生活空间的日益拓展，越来越多休闲活动的开展离不开公共生活空间，休闲参与的公众属性越发突出。特别是在人口密度高的大中城市，休闲资源虽相对丰富，但人均休闲容量有限也是不得不面对的现实。城市公园、博物馆、商场、影院、游乐中心、公共体育场等公共场所为休闲参与者提供了公共休闲的空间，在极大丰富民众休闲活动的同时，也对休闲活动参与者的综合素质提出了更高要求。参与社会公共生活领域的休闲活动，需要休闲参与者有一种较强的共享意识。但在现实的休闲实践中，由于休闲参与者淡薄的共享意识所引发的系列问题不容忽视。以旅游休闲为例，新闻媒体对于一些游客在风景名胜区乱刻"到此一游"陋习的报道屡见不鲜。在公共景区乱刻乱画似乎成了一种顽疾，这种不文明的行为是对景区公共资源的一种破坏，虽满足了自己的一时之快，但侵犯和剥夺了其他人享用该资源的权利，是对休闲资源可持续利用的一种破坏。类似的例子在公共休闲领域还可以找到很多，淡薄的共享意识不仅会妨碍他人的休闲体验，也会直接影响休闲资源的可持续利用，是对休闲生态

---

① 宋瑞、[美] 杰弗瑞·戈比：《寻找中国的休闲——跨越太平洋的对话》，社会科学文献出版社 2015 年版，第 133 页。

的一种破坏，极大阻碍了人们生态休闲权益的实现。

（三）生态休闲权益共享的实现

生态休闲是生态文明时代休闲发展的新样态，无论是对于促进个体的全面发展，还是推动社会休闲发展的进步都具有重要的价值。生态休闲权益的实现与共享对生态休闲的发展和普及具有促进和保障作用，但如上文所述，生态休闲权益的实现还面临较多挑战。因此，破解生态休闲权益实现的困局，实现生态休闲权益的共享，还需强化以下几个方面。

第一，进一步强化公民的生态休闲观念。公民是生态休闲践行的主体，公民是否具有生态休闲意识关系着生态休闲是否能够真正成为一种休闲生活方式进入人们的具体生活实践。只有公民认识到生态休闲的积极价值，自觉认同与践行生态休闲，才能对保证生态休闲得以进行的各项权益有所要求。如果公民对生态休闲的认识不到位，甚至不认同生态休闲理念，自然就不会有相关权益的要求。没有了现实需求，生态休闲权益只能沦为理论上的应有权益，而失去其现实应用价值。与此同时，公民作为生态休闲权益的主体，也应自觉增强权利意识，认识到进行生态休闲是在当代社会人人应当享有的权利，要积极主动去争取并在必要时运用法律武器来维护自己的权益。享受生态休闲权益的过程也是休闲主体自觉承担生态责任的过程，是一个理性认知人与自然关系并自觉践行人与自然和谐相处的过程。

第二，着力培育公民的共享意识。生态休闲的进行离不开良好的自然生态环境与可持续利用的休闲资源，而共享意识对于自然生态环境的保护与休闲资源的合理利用都具有重要的意义。共享意识是对以自我为中心的独享意识的摒弃，在关注个人利益和享受的同时兼顾他人的利益和享受，应用在现实实践中可以形成一种我为人人、人人为我的良性循环。公民共享意识的培育是实现生态休闲权益共享的关键。公民共享意识的培育离不开顶层的整体设计，而其中以思想政治教育为载体，通过学校、家庭、社区等多种渠道，有目的、有意识地培养公民的共享意识就是一个重要路径。从建设社会主义现代化国家的角度来讲，社会主义现代化国家必然是一个社会资源可以人人共享的和谐社会，思想政治教育要服务于社会主义现代化国家的建设，因此，培育公民的人人共享意识也是思想政治教育的题中应有之义。

第三，积极维护和保障公民休闲权利的平等共享。公民休闲权利的平等共享是生态休闲权益共享实现的前提。对于公民的休闲权利，虽然目前我国还没有专项的法律法规，但是我国《宪法》第43条规定："中华人民共和国劳动者有休息的权利。国家发展劳动者休息和休养的设施，规定职工的工作时间和休假制度"。该法条对劳动者休息、休养、休假的权利作出了规定。而《劳动法》对劳动者的劳动时间进行了严格限定，也明确规定劳动者享有平等的休息、休假的权利。我国《宪法》《劳动法》中提出的休息、休养、休假的权利实际上已经反映了休闲权的基本理念，涉及了休闲权的核心权益，只不过休闲权利的概念在我国法律中还没有直接提出。随着休闲在我国的快速发展，民众对保障休闲时间，改善休闲质量等相关休闲权益的要求会日益突出，休闲权会成为民众基本的社会需求。休闲权是生态休闲权益的核心，推进公民休闲权的立法将为实现生态休闲权益共享奠定坚实的法制基础。

第四，充分发挥政府在优化公共休闲设施和服务方面的作用。自由是休闲的核心要素，因此休闲也常常被认为是一个私人化的、个性化的问题。人有自由选择休闲方式的权利，但是这里的自由也并不是随心所欲、无所限制的自由，毕竟人是社会化的人，个人的成长脱离不了错综复杂的社会关系，自由也需遵循一定的原则。休闲选择也并非是一个完全私人化的问题，休闲选择最起码也应遵循不伤害健康，不违反社会法律和道德的原则。所以，政府应主动介入休闲发展，给予必要的监管和引导。而且，政府引导休闲发展也绝非特例，"事实上，在全球范围内政府对休闲的介入、监管以及指导是十分普遍的"[1]。生态休闲权益的实现和共享离不开政府所提供的公共休闲设施和服务。政府要继续加

---

[1] 宋瑞、[美]杰弗瑞·戈比：《寻找中国的休闲——跨越太平洋的对话》，社会科学文献出版社2015年版，第133页。

大民生性的公共休闲设施的投入,并将其纳入国民经济和社会发展计划,鼓励私人投资建设各类休闲活动设施。此外,在全面落实《国民旅游休闲纲要(2013—2020)》(以下简称《纲要》)的基础上,进一步完善休闲发展政策和规划,对《纲要》没有涉及的公民休闲权利、休闲基本公共服务等问题作出明确规定。

结　语

　　相比历史上以往阶级社会中的休闲，马克思思想体系中的休闲具有很大的不同。在人类以往的阶级社会中，占人口大多数的普通民众需要长期辛苦劳作，无暇休闲、无力休闲成为一种常态，而占人口少数的权贵阶层则无须劳动，却享有悠闲生活，休闲成为少数人的特权。在特权阶层的休闲文化中，休闲与劳动是完全对立的关系，有闲阶层以不劳动为彰显其身份地位的标志，不劳动是其炫耀的资本。马克思关注的是全人类的幸福，因而其休闲思想的理论聚焦于人们在社会中普遍享有的休闲。在马克思的理论视域中，休闲不再是少数人的特权，而是人人平等享有的权利。马克思对早期资本主义工厂中工人阶级惨遭资本家剥削而失去休闲权的凄惨生活现状备感同情，对资本家贪婪占有工人自由时间的事实进行了无情的揭露和批判。

　　劳动视角是理解马克思休闲思想的重要切入口。在马克思的休闲思想中，劳动并非是休闲的对立，劳动在维护整体社会良性运行方面具有不可替代的作用，而有利于维护社会生态的休闲也必然是建立在劳动基础上的。劳动与休闲的关系犹如一枚硬币的两面，虽有不同但又密不可分。

　　资本主义制度下异化的劳动关系也必然导致休闲的异化。一方面，工人迫切需要休闲却无法休闲，即便获得了休闲，也是一种无法自主选择的不自由的休闲；另一方面，资本家享有休闲的自由，却又拥有的不是真正自由的休闲，炫耀式、挥霍式的物欲休闲剥夺了休闲的原真目的，资本家的休闲臣服于资本，被一种"非人的力量统治着",而且这种物欲化的休闲方式也在影响着生活条件逐渐得到改善的工人。而在当今,休闲物质化仍然是休闲异化的表现之一,我们要深刻认识到这种休闲异化的根源与危害。

生态休闲是对异化休闲的扬弃。马克思休闲思想的生态性不仅在于强调人类的休闲活动应遵循自然规律,协调好人与自然的关系所体现的自然生态价值,还在于强调积极的休闲活动对于维护个体身心健康,调节人与人之间的关系,促进社会发展所具有的社会生态价值。马克思生态休闲思想是自然生态价值和社会生态价值的统一。

马克思在对未来社会展望中,预见劳动与休闲和谐存在于人们的生活中,呈现出劳闲同一的新局面。马克思曾勾勒出人们在共产主义社会自由支配自己活动的图景:"任何人都没有特殊的活动范围,而是都可以在任何部门内发展,社会调节着整个生产。"① 人们的生活不再受到固定职业的限制,不总是"一个猎人、渔夫、牧人或批判者"可以结合自己的兴趣爱好进行自由的选择和切换。而此种图景也恰恰是我们所向往的理想休闲状态。这种状态下,劳动与休闲之间不再是一种相互对立的关系,正如"直接的劳动时间本身不可能像从资产阶级经济学的观点出发所看到的那样永远同自由时间处于抽象对立中"。② 劳动和休闲的界限变得模糊并很自然地统一于人的活动之中,而此时的休闲也真正以自身为目的,不再是一种被外在力量所影响和决定的被动选择,也真正体现出其生态的本质。

随着中国社会的快速发展,普遍有闲社会的到来,人们的生活方式与休闲方式都发生了巨大的变化。特别是在全社会大力建设生态文明的时代背景下,绿色、健康、文明的生态休闲方式会成为越来越多人的自发选择。从文化发展的总体趋势上看,生态文化是人类文化经历了自然文化、人文文化、科学文化三个阶段后,人类文明发展的新阶段,休闲文化作为社会文化的一个重要组成

---

① 《马克思恩格斯文集》第1卷,人民出版社2009年版,第537页。
② 《马克思恩格斯文集》第8卷,人民出版社2009年版,第203页。

部分也势必朝着生态的方向发展。马克思休闲思想生态意蕴的挖掘正是顺应了时代发展的需要，而马克思生态休闲思想在指导当下生态休闲实践过程中也必然散发出崭新的时代光辉。

主要参考文献

一、著作类

1. 《马克思恩格斯文集》1~10卷，人民出版社2009年版。
2. 《马克思恩格斯全集》第1卷，人民出版社1956年版。
3. 《马克思恩格斯全集》第2卷，人民出版社1957年版。
4. 《马克思恩格斯全集》第21卷，人民出版社1965年版。
5. 《马克思恩格斯全集》第26卷，人民出版社1974年版。
6. 《马克思恩格斯全集》第30卷，人民出版社1995年版。
7. 《马克思恩格斯全集》第31卷，人民出版社1998年版。
8. 《马克思恩格斯全集》第32卷，人民出版社1998年版。
9. 《马克思恩格斯全集》第33卷，人民出版社2004年版。
10. 《马克思恩格斯全集》第47卷，人民出版社1979年版。
11. 胡锦涛：《坚定不移沿着中国特色社会主义道路前进　为全面建成小康社会而奋斗——在中国共产党第十八次全国代表大会上的报告》，人民出版社2012年版。
12. 《习近平总书记系列重要讲话读本》，中共中央宣传部，人民出版社2014年版。
13. 习近平：《决胜全面建成小康社会　夺取新时代中国特色社会主义伟大

胜利》，人民出版社 2017 年版。

14.《十七大以来重要文献选编（上）》，中央文献出版社 2009 年版。

15.《中共中央关于全面深化改革若干重大问题的决定》，人民出版社 2013 年版。

16.《十八大以来重要文献选编（上）》，中央文献出版社 2014 年版。

17.《中共中央关于制定国民经济和社会发展第十三个五年规划的建议》，人民出版社 2015 年版。

18.《中国休闲发展年度报告 2011—2012》，旅游教育出版社 2012 年版。

19.《中国休闲发展年度报告 2013—2014》，旅游教育出版社 2014 年版。

20.《中国休闲发展年度报告 2014—2015》，旅游教育出版社 2015 年版．

21. 陈刚：《马克思的自由观》，河南人民出版社 1996 年版。

22. 陈来成：《休闲学》，中山大学出版社 2009 年版。

23. 陈鲁直：《民闲论》，中国经济出版社 2005 年版。

24. 陈昕：《救赎与消费——当代中国日常生活中的消费主义》，江苏人民出版社 2003 年版。

25. 陈琰：《闲暇是金：休闲美学谈》，武汉大学出版社 2006 年版。

26. 程遂营：《北美休闲研究：学术思想的视角》，社会科学文献出版社 2009 年版。

27. 邓喜道：《马克思的人化自然观及其当代意义》，武汉理工大学出版社 2009 年版。

28. 方世南：《马克思环境思想与环境友好型社会研究》，上海三联书店 2014 年版。

29. 冯长根主编：《中国休闲研究学术报告 2012》，旅游教育出版社 2013 年版。

30. 付达院：《城市休闲经济》，浙江大学出版社 2014 年版。

31. 郭彩琴、宋国英：《城乡教育一体化战略研究：以江苏苏南地区为例》，苏州大学出版社 2014 年版。

32. 郭鲁芳：《休闲学》，清华大学出版社 2011 年版。

33. 胡大平：《崇高的暧昧：作为现代生活方式的休闲》，江苏人民出版社 2002 年版。

34. 胡伟希、陈盈盈：《追求生命的超越与融通：儒道禅与休闲》，云南人民出版 2004 年版。

35. 解保军：《马克思自然观的生态哲学意蕴》，黑龙江人民出版社 2002 年版。

36. 李海春：《生命与休闲教育》，人民出版社 2008 年版。

37. 李仲广、卢昌荣：《基础休闲学》，社会科学文献出版社 2004 年版。

38. 刘晨晔：《休闲：解读马克思思想的一种尝试》，中国社会科学出版社 2006 年版。

39. 刘仁胜：《生态马克思主义概论》，中央编译出版社 2007 年版。

40. 刘增惠：《马克思主义生态思想及实践研究》，北京师范大学出版社 2010 年版。

41. 楼嘉军：《论休闲与休闲时代》，上海交通大学出版社 2013 年版。

42. 楼嘉军：《休闲新论》，立信会计出版社 2005 年版。

43. 鲁洁著：《道德教育的当代论域》，人民出版社 2005 年版。

44. 马惠娣：《休闲：人类美丽的精神家园》，中国经济出版社 2004 年版。

45. 马惠娣、魏翔主编：《中国休闲研究学术报告 2013》，旅游教育出版社 2014 年版。

46. 马惠娣、魏翔主编：《中国休闲研究学术报告 2014》，旅游教育出版社 2014 年版。

47. 马惠娣：《走向人文关怀的休闲经济》，中国经济出版社 2004 年版。

48. 马勇、周青：《休闲学概论》，重庆大学出版社 2008 年版。

49. 宁泽群等著：《北京市居民休闲行为与产业发展的调查与研究》，旅游教育出版社 2012 年版。

50. 庞学铨主编：《休闲评论第 5 辑》，浙江大学出版社 2013 年版。

51. 庞学铨主编：《休闲评论第 6 辑》，浙江大学出版社 2014 年版。

52. 庞学铨主编：《休闲评论第 7 辑》，浙江大学出版社 2014 年版。

53. 邱伟光、张耀灿等主编：《思想政治教育学原理》，高等教育出版社 1999 年版。

54. 宋瑞、[美] 杰弗瑞·戈比：《寻找中国的休闲——跨越太平洋的对话》，社会科学文献出版社 2015 年版。

55. 宋瑞主编：《2013—2015 年中国休闲发展报告》，社会科学文献出版社 2015 年版。

56. 孙林叶：《休闲理论与实践》，知识产权出版社 2010 年版。

57. 陶火生：《马克思生态思想研究》，学习出版社 2013 年版。

58. 王斌：《步入小康社会的日本休闲文化》，中国社会科学出版社 2010 年版。

59. 王峰明：《马克思劳动价值论与当代社会发展》，社会科学文献出版社 2008 年版。

60. 王海明：《新伦理学》，商务印书馆 2002 年版。

61. 王宁：《消费社会学》，社会科学文献出版社 2001 年版。

62. 王琪延：《中国人的生活时间分配》，经济科学出版社 2000 年版。

63. 王雅林、董鸿扬：《闲暇社会学》，黑龙江人民出版社 1992 年版。

64. 王雅林主编：《城市休闲》，社会科学文献出版社 2003 年版。

65. 王玉波、王雅林等：《生活方式论》，上海人民出版社 1989 年版。

66. 王云霞：《环境问题的"社会批判"研究》，中国社会科学出版社 2012

年版。

67. 吴文新：《唯物史观视域中的休闲：享受和发展》，中国农业大学出版社 2013 年版。

68. 徐海红：《生态劳动与生态文明》，人民出版社 2013 年版。

69. 薛晓源、李惠斌主编：《生态文明研究前沿报告》，华东师范大学出版社 2007 年版。

70. 于光远、马惠娣：《于光远马惠娣十年对话——关于休闲学研究的基本问题》，重庆大学出版社 2008 年版。

71. 于光远：《吃、喝、玩——生活与经济》，华东师范大学出版社 2001 年版。

72. 于光远：《论普遍有闲的社会》，中国经济出版社，2004 年版。

73. 余谋昌：《生态哲学》，陕西人民教育出版社 2000 年版。

74. 张景安、马惠娣：《中国公众休闲状况调查》，中国经济出版社 2004 年版。

75. 张耀灿等：《现代思想政治教育学》，人民出版社 2006 年版。

76. 张永红：《马克思的休闲观及其当代价值》，湖南人民出版社 2010 年版。

77. 郑永廷等著：《主导德育论》，人民出版社 2008 年版。

78. 周觉：《休闲的经济分析》，经济科学出版社 2007 年版。

79. [美] 艾泽欧·阿荷拉：《休闲社会心理学》，谢彦君等译，中国旅游出版社 2010 年版。

80. [法] 丹尼尔·本赛德：《马克思主义使用说明书》，李纬文译，红旗出版社 2013 年版。

81. [美] 凡勃伦：《有闲阶级论》，李华夏译，中央编译出版社 2012 年版。

82. [美] 赫伯特·马尔库塞：《单向度的人》，刘继译，上海译文出版社 2014 年版。

83. [美] 加里·S. 贝克尔：《人类行为的经济分析》，王业宇等译，上海三联书店、上海人民出版社 1995 年版。

84. [美] 杰弗瑞·戈比：《21 世纪的休闲服务与休闲产业》，张春波等译，云南人民出版社 2000 年版。

85. [美] 杰弗瑞·戈比：《你生命中的休闲》，康筝译，云南人民出版社 2000 年版。

86. [美] 杰里米·里夫金：《第三次工业革命：新经济模式如何改变世界》，中信出版社 2012 年版。

87. [英] J. M. 凯恩斯：《预言与劝说》，赵波等译，江苏人民出版社 1998 年版。

88. [美] 卡拉·亨德森等：《女性休闲——女性主义的视角》，刘耳等译，云南人民出版社 2000 年版。

89. [美] 克里斯多夫·爱丁顿、陈彼得：《休闲：一种转变的力量》，李一译，浙江大学出版社 2009 年版。

90. [美] 克里斯托弗·R. 埃廷顿等：《休闲与生活满意度》，杜永明译，中国经济出版社 2009 年版。

91. [法] 路易·阿尔都塞、艾蒂安·巴里巴尔：《读〈资本论〉》，李其庆、冯文光译，中央编译出版社 2008 年版。

92. [英] 罗杰克：《休闲理论原理与实践》，张凌云译，中国旅游出版社 2010 年版。

93. [法] 罗歇·苏：《休闲》，商务印书馆 1996 年出版。

94. [法] 让·波德里亚：《消费社会》，刘成富、全志刚译，南京大学出版社 2008 年版。

95. [苏] 苏霍姆林斯基：《给教师的建议》（上册），杜殿坤编译，教育科学出版社 1980 年版。

96. ［韩］孙海植等：《休闲学》，朴松爱等译，东北财经大学出版社 2005 年出版。

97. ［英］特里·伊格尔顿：《马克思为什么是对的》，李扬等译，新星出版社 2011 年版。

98. ［美］托马斯·古德尔、杰弗瑞·戈比：《人类思想史中的休闲》，成素梅等译，云南人民出版社 2000 年版。

99. ［美］托马斯·库恩：《科学革命的结构》，金吾伦、胡新和译，北京大学出版社 2003 年版。

100. ［德］维尔纳·桑巴特：《奢侈与资本主义》，王燕平等译，上海人民出版社 2000 年版。

101. ［古希腊］亚里士多德：《政治学》，吴寿彭译，商务印书馆 1965 年版。

102. ［日］岩佐茂：《环境的思想与伦理》，冯雷等译，中央编译出版社 2011 年版。

103. ［美］伊夫·R. 西蒙、瓦肯·魁克：《劳动、社会与文化》，周国文译，中国经济出版社 2009 年版。

104. ［美］约翰·凯利：《走向自由——休闲社会学新论》，赵冉译，云南人民出版社 2000 年版。

105. ［德］约瑟夫·皮珀：《闲暇：文化的基础》，新星出版社 2005 年出版。

106. Eker, Glen, *Leisure and Lifestyle in Selected Writings of Karl Marx: A Social and Theoretical History*, San Francisco: Mellen Research University Press, 1991.

107. John T. Haworth and A. J. Veal, *Work and Leisure*, East Sussex: Routledge Inc, 2004.

二、期刊类

1. 包庆德、叶立国：《生态休闲与休闲经济》，载《自然辩证法研究》，2001年第9期。

2. 包庆德：《简论生态休闲与人的全面发展》，载《中国矿业大学学报（社会科学版）》，2007年第4期。

3. 鲍金：《休闲的比较词源学考察》，载《自然辩证法研究》，2005年第11期。

4. 曹红：《从休闲视野看中国传统居家文化》，载《自然辩证法研究》，2006年第4期。

5. 曹孟勤、徐海红：《马克思劳动概念的生态意蕴及其当代价值》，载《马克思主义与现实》，2010年第5期。

6. 查少刚：《马克思休闲思想的当代意境》，载《当代世界与社会主义》，2008年第6期。

7. 陈芬：《在自然界实现人道主义——试论马克思恩格斯的生态自然观》，载《马克思主义研究》，2003年第3期。

8. 陈尚志：《论生态文明、全球化与人的发展》，载《北京大学学报（哲学社会科学版）》，2010年第1期。

9. 邓坤金、李国兴：《简论马克思主义的生态文明观》，载《哲学研究》，2010年第5期。

10. 范松仁：《欠发达地区农民休闲问题研究——以江西为例》，载《求实》，2010年第7期。

11. 方世南、张伟平：《生态环境问题的制度根源及其出路》，载《自然辩证法研究》，2004年第5期。

12. 方世南：《从生态治视角把握生态安全的政治意蕴》，载《南京社会科学》，2012年第3期。

13. 方世南：《生态梦：中国梦的坚实基石》，载《学习论坛》，2013 年第 6 期。

14. 方世南：《生态权益：马克思恩格斯生态文明思想的一个重大亮点》，载《鄱阳湖学刊》，2011 年第 5 期。

15. 辜堪生、张莉：《马克思休闲思想的"真、善、美"意蕴》，载《自然辩证法研究》，2014 年第 2 期。

16. 郭彩琴、石磊：《生态文明建设背景下的我国生态休闲文化发展研究》，载《河南社会科学》，2014 年第 6 期。

17. 郭彩琴：《马克思主义城乡融合思想与我国城乡教育一体化发展》，载《马克思主义研究》，2010 年第 3 期。

18. 郭鲁芳：《国外休闲经济研究的历史与进展》，载《经济学家》，2004 年第 4 期。

19. 侯惠勤：《马克思主义的个人观及其在理论上的创新》，载《马克思主义研究》，2004 年第 2 期。

20. 黄爱华：《劳动、闲暇与自由》，载《哲学研究》，2005 年第 5 期。

21. 黄梅：《中国近代休闲方式解读》，载《2001 年社会杂志》，2000 年第 9 期。

22. 季斌：《休闲：洞察人的生存意义》，载《自然辩证法研究》，2001 年第 11 期。

23. 姜建成：《促进人的全面发展：经济社会发展的价值依归》，载《社会科学战线》，2009 年第 2 期。

24. 姜建成：《整合与超越：21 世纪中国可持续发展的新态势》，载《苏州大学学报（哲学社会科学版）》，2001 年第 10 期。

25. 解保军：《马克思对资本主义农业的生态批判理论及其意义》，载《学术交流》，2011 年第 9 期。

26. 李春生：《生态体验：从休闲到生态休闲》，载《自然辩证法研究》，2006 年第 10 期。

27. 李大兴：《论自由时间与人的全面发展》，载《台州师专学报》，1992 年第 2 期。

28. 李德顺：《以人为本的价值观》，载《哲学动态》，2004 年第 7 期。

29. 李世雁、吴爽：《休闲的生态哲学解析》，载《自然辩证法研究》，2014 年第 5 期。

30. 李维意：《马克思恩格斯"两个和解"思想的系统分析》，载《南京政治学院学报》，2011 年第 2 期。

31. 李钰：《生态休闲——人居环境建设的完美之旅》，载《山东林业科技》，2006 年第 2 期。

32. 李昭新：《论马克思恩格斯自然观的生态维度》，载《甘肃社会科学》，2002 年第 5 期。

33. 刘耳：《休闲信仰与对生命意义的追寻》，载《自然辩证法研究》，2005 年第 10 期。

34. 刘啸庭：《休闲问题的当代意境与学科建设》，载《自然辩证法研究》，2001 年第 5 期。

35. 楼嘉军：《休闲初探》，载《桂林旅游高等专科学校学报》，2000 年第 2 期。

36. 楼嘉军：《休闲科学理论发展简析》，载《北京第二外国语学院学报》，2001 年第 3 期。

37. 陆树程、崔昆：《论构建社会主义和谐社会的历史必然性》，载《马克思主义研究》，2012 年第 7 期。

38. 陆彦明、马惠娣：《马克思休闲思想初探》，载《自然辩证法研究》，2002 年第 1 期。

39. 马惠娣、刘耳:《西方休闲学研究述评》,载《自然辩证法研究》,2002年第5期。

40. 马惠娣:《休闲——文化哲学层面的透视》,载《自然辩证法研究》,1999年第1期。

41. 马惠娣:《休闲理论问题的研究》,载《清华大学人文社科版》,2001年第5期。

42. 马捷莎:《对人的需要属性的思考》,载《教学与研究》,2006年第2期。

43. 毛园芳:《全球化与人的全面发展》,载《江汉论坛》,2004年第7期。

44. 宁清同:《生态权初探》,载《法治研究》,2012年第9期。

45. 石磊、郭彩琴:《马克思休闲思想之生态解读及其意义》,载《内蒙古社会科学》,2015年第5期。

46. 宋周尧:《论马克思恩格斯生态文化思想的基本内涵》,载《岭南学刊》,2006年第3期。

47. 汤卫东:《休闲:所有人的权利》,载《搏击(体育论坛)》,2011年第6期。

48. 田宪臣:《生态休闲:人与自然和谐之道》,载《湖北社会科学》,2010年第2期。

49. 田宪臣:《休闲哲学视域中的生态环境保护》,载《中州学刊》,2009年第4期。

50. 王金福:《对马克思关于实现人的自由全面发展理论的再思考》,载《南京政治学院学报》,2010年第5期。

51. 王金福:《马克思"人的自由全面发展"思想的学科视界和历史观视界》,载《山东社会科学》,2014年第4期。

52. 王锐生:《以人为本:马克思社会发展观的一个根本原则》,载《哲研究》，2004年第2期。

53. 王学俭、高璐佳：《试论对马克思休闲思想的研究范式》，载《甘肃社会科学》，2010年第4期。

54. 王学俭、宫长瑞：《马克思、恩格斯"两个和解"思想及其当代价值》，载《探索》，2010年第1期。

55. 温莲香：《马克思恩格斯劳动概念的生态维度解读》，载《当代经济研究》，2012年第5期。

56. 吴文新：《科学发展观的人性探析》，载《太原城市职业技术学院学报》，2004年第5期。

57. 吴文新：《生态文明与人的发展：休闲学的视角》，载《湖北理工学院学报（人文社会科学版）》，2015年第3期。

58. 吴向东：《制度与人的全面发展》，载《哲学研究》，2004年第8期。

59. 吴育林：《论马克思的自由休闲观》，载《贵州社会科学》，2011年第1期。

60. 鲜开林、周春华：《论和谐社会的休闲权》，载《中共福建省委党校学报》，2007年第2期。

61. 徐斌：《制度变革与人的全面发展》，载《毛泽东邓小平理论研究》，2006年第1期。

62. 徐艳玲、庞睿：《马克思的休闲理论及其逻辑建构》，载《当代世界与社会主义》，2014年第1期。

63. 许斗斗：《论共产主义运动的现实性和过程性》，载《哲学研究》，2004年第1期。

64. 许斗斗：《马克思休闲价值思想探析》，载《学术研究》，2006年第5期。

65. 许斗斗：《休闲消费与人的价值存在》，载《自然辩证法研究》，2001年第 5 期。

66. 许冠亭、吴声功：《马克思主义劳动价值论与当前劳动者收入分配需要厘清的几个问题》，载《海派经济学》，2014 年第 2 期。

67. 杨兰：《马克思劳动休闲观内在逻辑基点探源》，载《求索》，2012 年第 3 期。

68. 余谋昌：《走出人类中心义》，载《中国自然辩证法研究》，1994 年第 7 期。

69. 张奎良：《以人为本的哲学意义》，载《哲学研究》，2004 年第 5 期。

70. 张莉：《马克思休闲观与人的自由全面发展》，载《改革与战略》，2012 年第 10 期。

71. 张莉：《马克思休闲思想的实践机制建设》，载《学术交流》，2014 年第 3 期。

72. 张永红：《论休闲中的生态价值与生态关怀》，载《前沿》，2010 年第 11 期。

73. 张永红：《异化劳动视阈下的休闲异化——兼与异化劳动"三规定说"商榷》，载《马克思主义研究》，2011 年第 9 期。

74. 兆凯：《论以可持续为基础的休闲》，载《北京师范大学哲学与社会学学报》，2003 年第 9 期。

75. 赵建军：《人与自然的和解："绿色发展"的价值观审视》，载《哲学研究》，2012 年第 9 期。

76. 周智飞、胡林东：《生态休闲养生经济统计方法初探》，载《统计科学与实践》，2015 年第 1 期。

77. 邹鸣：《试论闲暇与劳动的关系及其现实意义》，载《四川师范学院学报》，1996 年第 4 期。

78. Elena Fraj and Eva Martinez, Environmental values and lifestyles as determi-

ning factors of ecological consumer behaviour: An empirical analysis, Journal of Consumer Marketing, Vol. 23, No. 3, April 2006, pp. 133—144.

79. J. Michael and Sabine Wollscheid, Time is Money and Money Needs Time? A Secondary Analysis of Time – Budget Data in Germany, Vol. 39, No. 1, 2007, pp. 86—109.

80. Louise Chawla, "Life paths into effective environmental action", Journal of Environmental Education, Vol. 31, No. 1, March 2010, pp. 15—26.

81. William James Booth, " Economies of Time: On the Idea of Time in Marx's Political Economy", Political Theory, Vol. 19, No. 1, February 1991, pp. 7—27.

后　记

本书是在我博士论文基础上修改完成的，是我近五年博士学习成果的一个比较系统的呈现，其中也包含2014年教育部青年基金项目结题的部分成果。在本书即将付梓之际，回顾自己的求学、撰写博士论文的经历，不由感慨良多！能够在崇文厚重、励学笃行的苏州大学学习，是我的幸运。求学是辛苦的，更是充实的、愉快的。再次走进校园的我有了更为清晰明确的人生目标，对学习有了更深刻的认识，也进一步坚定了从事学术研究的信心。早就听闻博士论文写作的艰难，只有自己亲身经历了才品得个中滋味。期间既有绞尽脑汁的煎熬，又有茅塞顿开的喜悦；既有心生绝望想放弃的时刻，也有沉浸在写作中远离纷乱的享受时光。

选择马克思的休闲思想作为研究对象，最初源于一次讨论课上的交流，课下的资料梳理让我初次接触休闲研究这个领域，感叹休闲学丰硕成果之时，对休闲研究产生了浓厚兴趣，也萌发了要进一步挖掘马克思休闲思想这个资源宝库的想法。当然这对于没有太多前期积累的我而言是一项极大的挑战，特别是选取从生态的视角对马克思休闲思想进行阐释和解读，更是极大增加了研究的难度。写作虽一路磕磕绊绊，但所幸总能及时得到导师的指导，与同学的交流讨论也使我获益匪浅。其间还有幸参加了中国休闲与社会进步年会，有机会向众多知名休闲学者当面请教，极大拓宽了我的研究视野。

一路走来，有许多要感谢的人。感谢我的导师郭彩琴教授，承蒙导师认可，有幸进入苏州大学公共管理学院学习深造，导师治学的严谨、为人的亲切使我深受教益。郭老师在我的博士论文上付出了大量心血，无论是确定选题、拟定提纲、谋篇布局到润色修改都给予了悉心指导。每当写作受挫难以前行的时候，都能及时得到导师的鼓励和启发，从而豁然贯通，峰回路转。师恩厚重，终身难忘。

感谢闵春发教授、姜建成教授、陆树程教授、方世南教授、田芝健教授、吴声功教授、朱炳元教授、许冠亭教授、朱蓉蓉教授、钮菊生教授、钱美华老师、卢荣辉老师。感谢老师们课上的精彩授课，生活上的关心帮助，以及在学位论文写作过程中给予的悉心指导和有益启发。同时感谢于树贵教授、龚长宇教授，从硕士阶段结缘相识至今曾给予了太多的帮助、关心和鼓励。借此向各位老师表达我最诚挚的敬意。

感谢同窗程晓军、杨霞、陈燕、卓成霞、孙庆民、江晓萍、吕丹、崔昆、孙乐艳、徐斌、丁振中、赵朋光等，与他们相识相处在美丽的苏大，是我人生中最美好、最难忘的经历。

感谢好友张新源、陈玲、魏健等人一直以来对我的支持、鼓励和帮助。

感谢我的工作单位常州大学的领导和同事，边工作边读书，能够顺利完成学业，离不开你们的关心和帮助。

感谢我国休闲研究的开拓者马惠娣女士，以及刘晨晔教授、刘海春教授、吴文新教授、王雅林教授等众多著名休闲问题研究学者，其研究成果对我有非常大的启发。

感谢中央编译出版社的诸位领导和老师，为本书的出版所做的一切工作。

最后，感谢家人一直以来的理解和支持。父母的无私奉献，妻子的默默支持，姐姐的帮助鼓励，使我安心于写作，顺利完成学业。感谢所有亲人给予的鼓励和帮助。

"路漫漫其修远兮，吾将上下而求索"，本书的出版只是开启了我学术研究之路的起点。由于本人的学识有限，书中还有诸多不成熟、不完善之处，存在值得商榷的地方，敬请批评指正。

石磊

2018年6月于江苏常州